PIANO • CANTO • GUITARRA ~ PIANO • VOCAL • GUITAR

CLÁSICOS NAVIDEÑOS
~ CHRISTMAS CLASSICS ~

ISBN 0-634-05141-5

Visit Hal Leonard Online at
www.halleonard.com

ADESTE FIDELES

Traditional

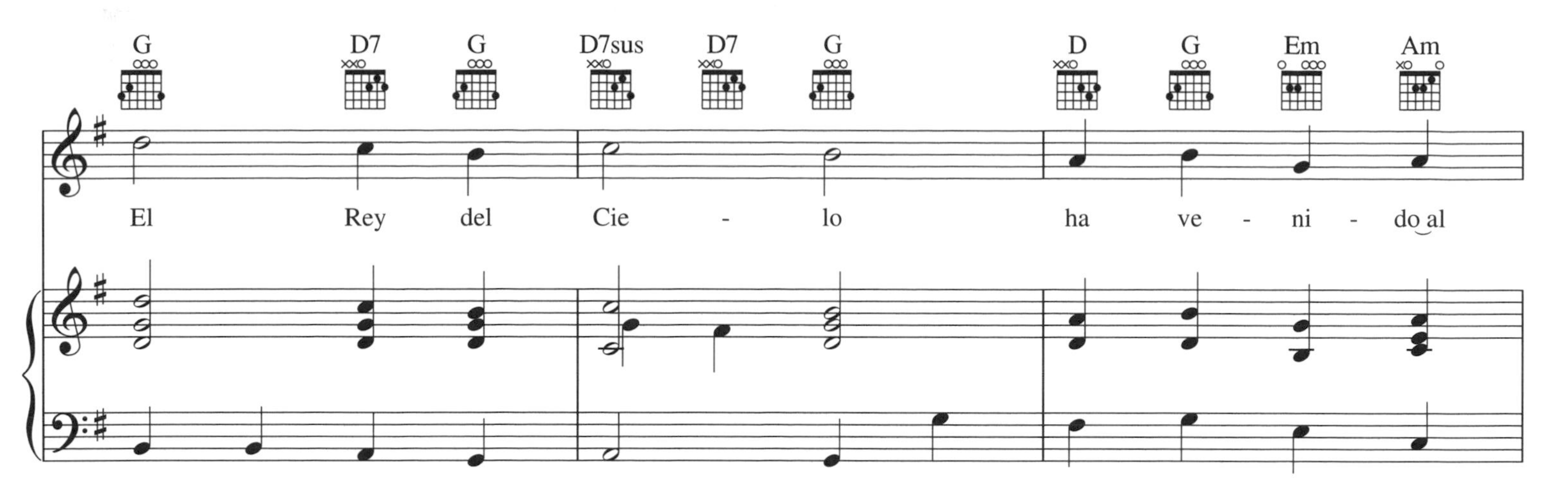
G D7 G D7sus D7 G D Em Am
El Rey del Cie - lo ha ve - ni - do al

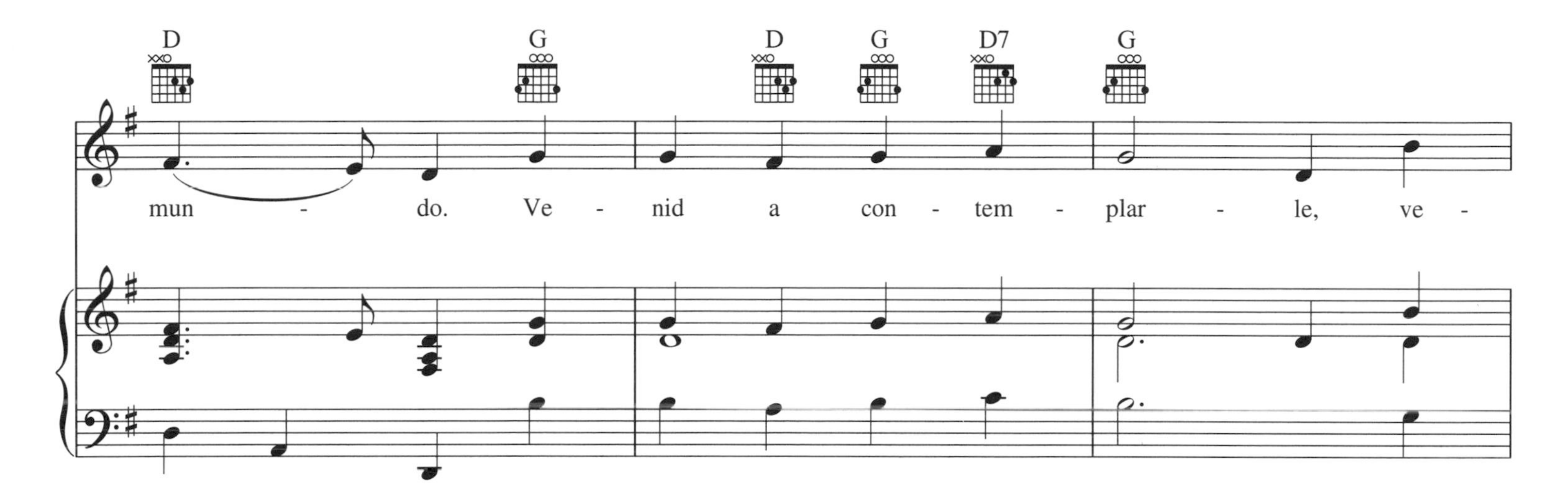
D G D G D7 G
mun - do. Ve - nid a con - tem - plar - le, ve -

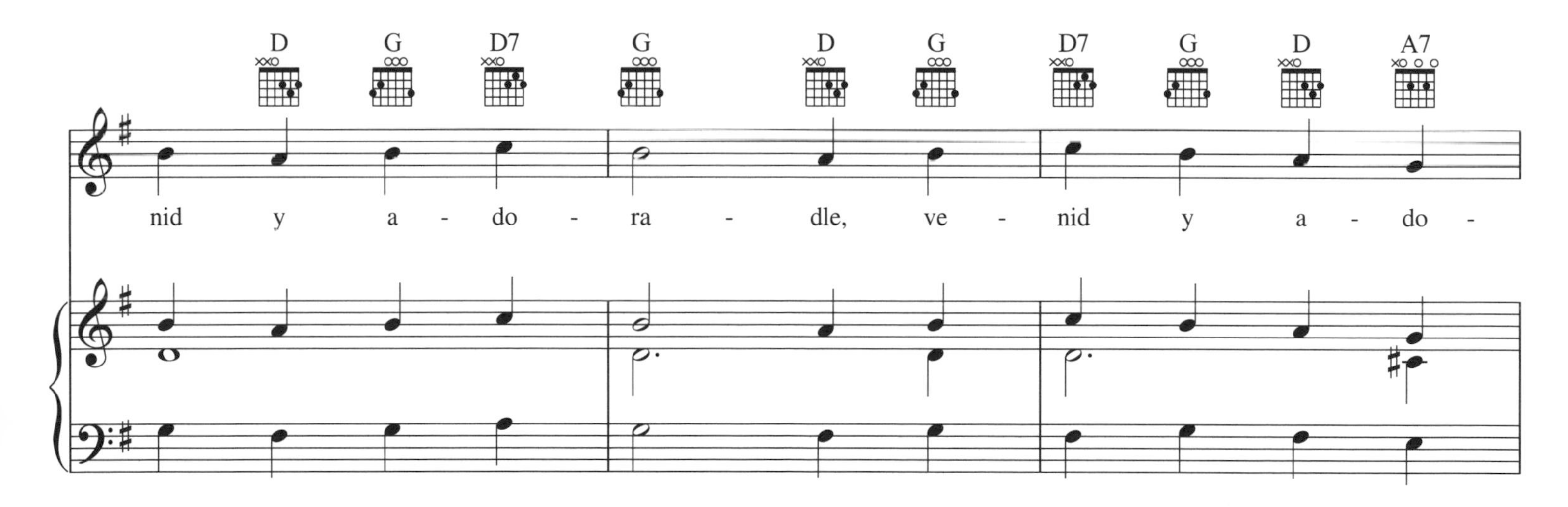
D G D7 G D G D7 G D A7
nid y a - do - ra - dle, ve - nid y a - do -

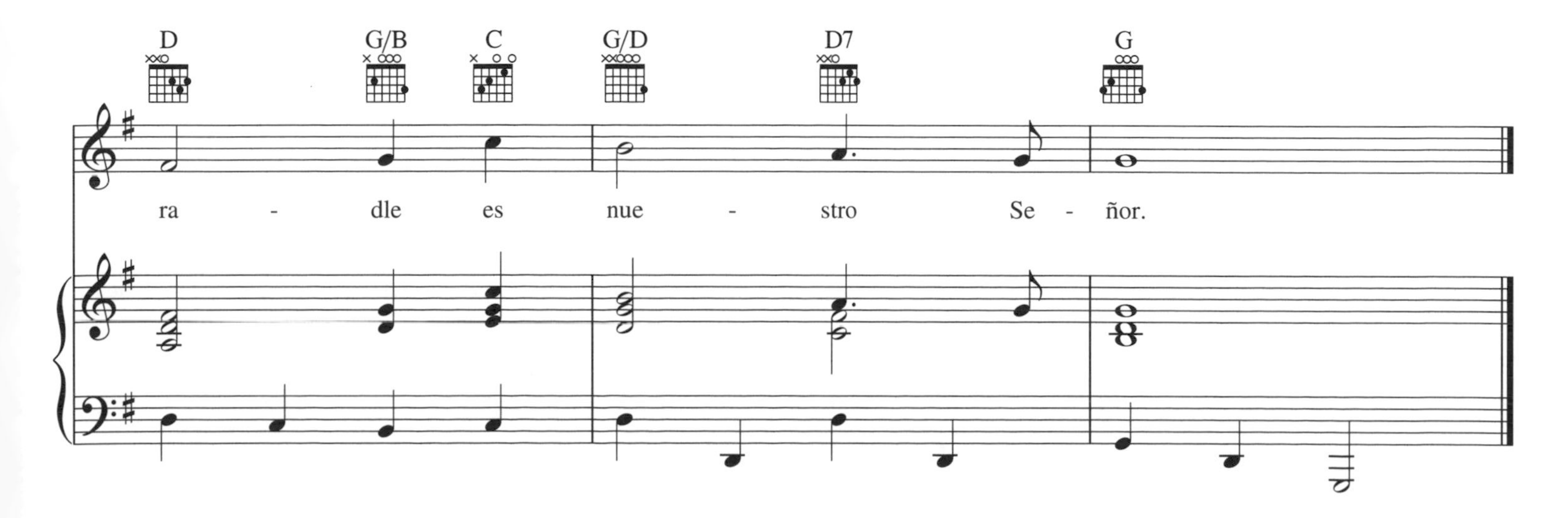
D G/B C G/D D7 G
ra - dle es nue - stro Se - ñor.

AGUINALDO DE LAS FLORES
(Hermoso Bouquet)

Words and Music by
MANUEL JIMÉNEZ

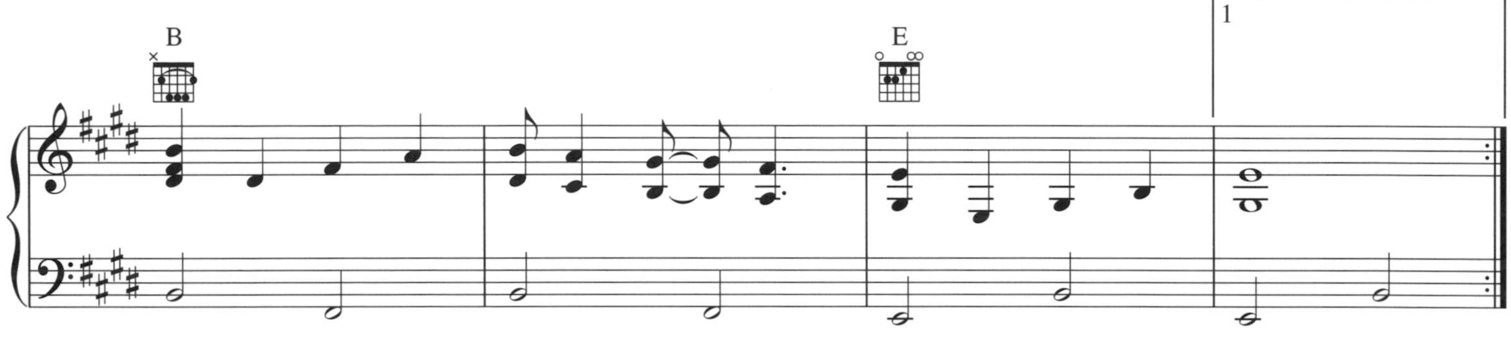

A
Her - mo - so bou - quet a - quí te tra - e - mos,

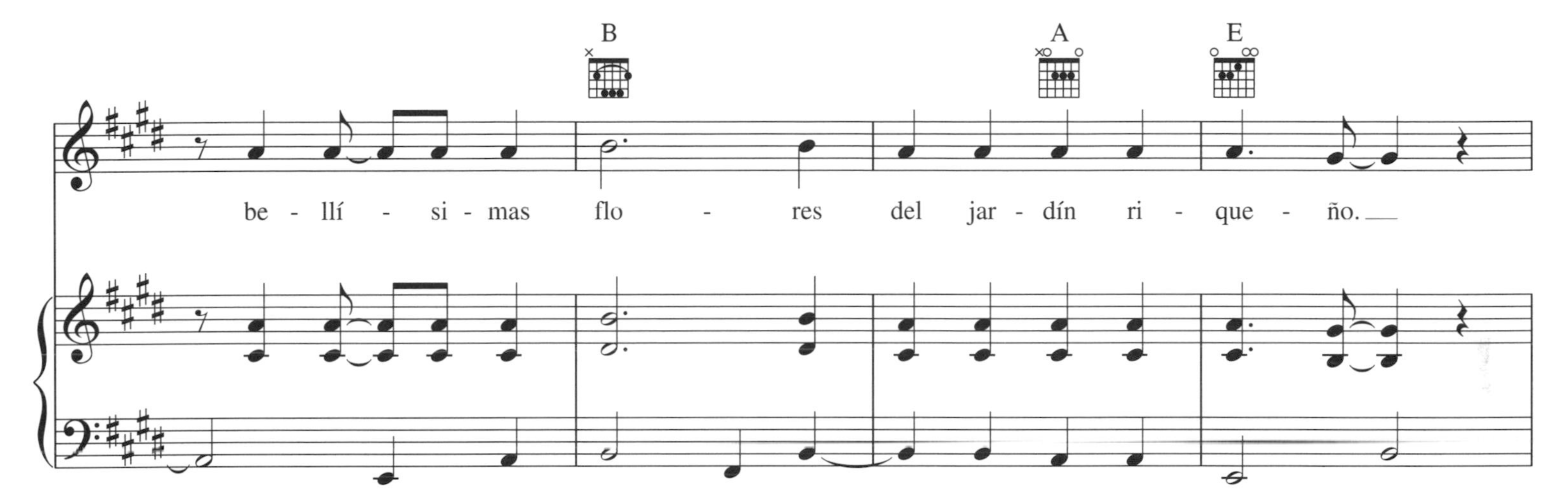
B
A
E
be - llí - si - mas flo - res del jar - dín ri - que - ño.

A
De to - das las flo - res yo te trai - go un ra - mo,
En - tre tan - tas flo - res hoy te sal - u - da - mos,
En - tre tan - tas flo - res hoy nos des - pe - di - mos,

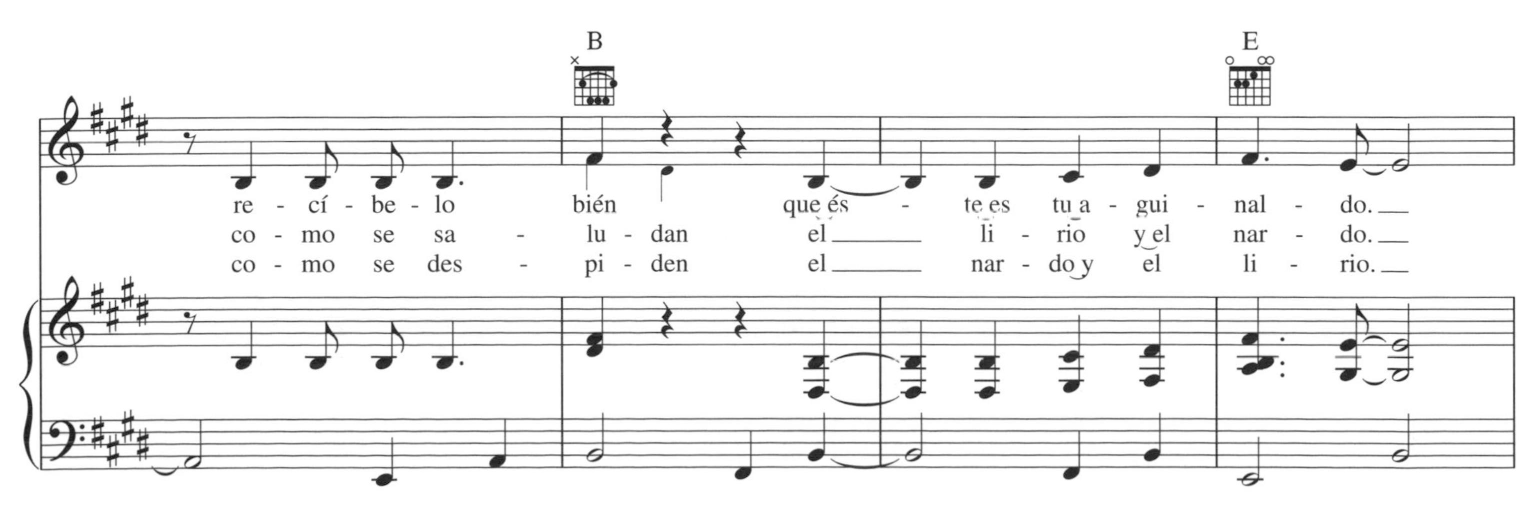
B
E
re - cí - be - lo bién que és - te es tu a - gui - nal - do.
co - mo se sa - lu - dan el li - rio y el nar - do.
co - mo se des - pi - den el nar - do y el li - rio.

A
De to - das las flo - res yo te trai - go un ra - mo
En - tre tan - tas flo - res hoy te sa - lu - da - mos,
En - tre tan - tas flo - res hoy nos des - pe - di - mos

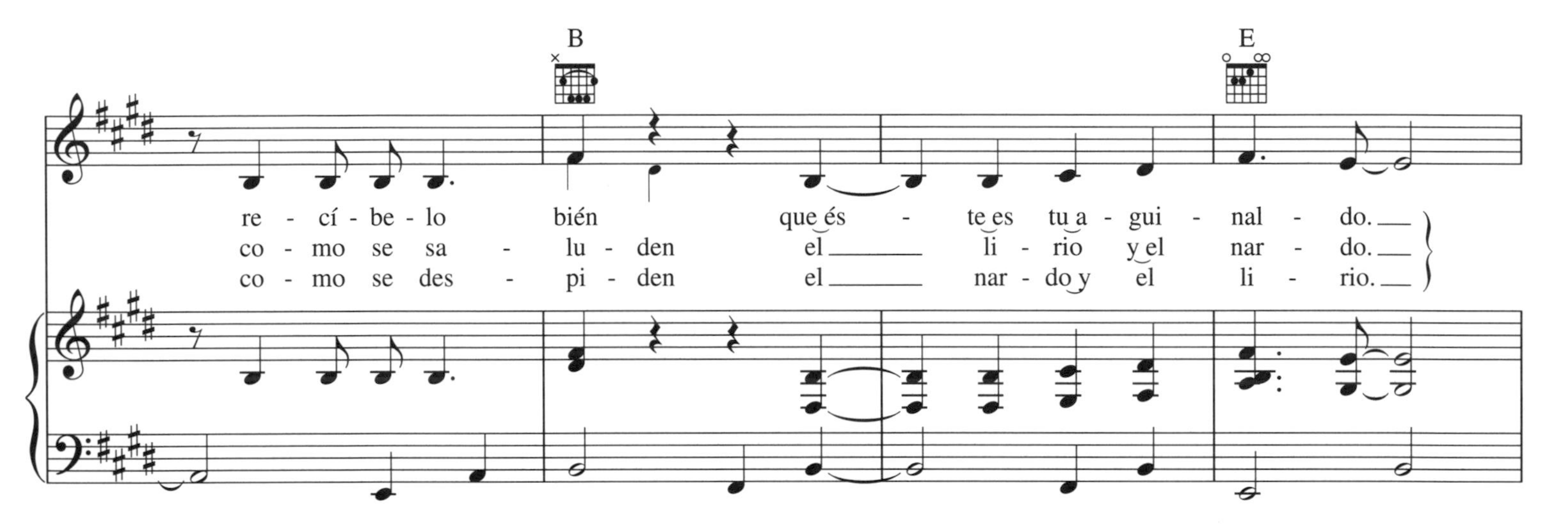
B
E
re - cí - be - lo bién que és - te es tu a - gui - nal - do.
co - mo se sa - lu - den el li - rio y el nar - do.
co - mo se des - pi - den el nar - do y el li - rio.

1, 2
3
Her - mo - so bou- Her - mo - so bou - quet a - quí te tra -

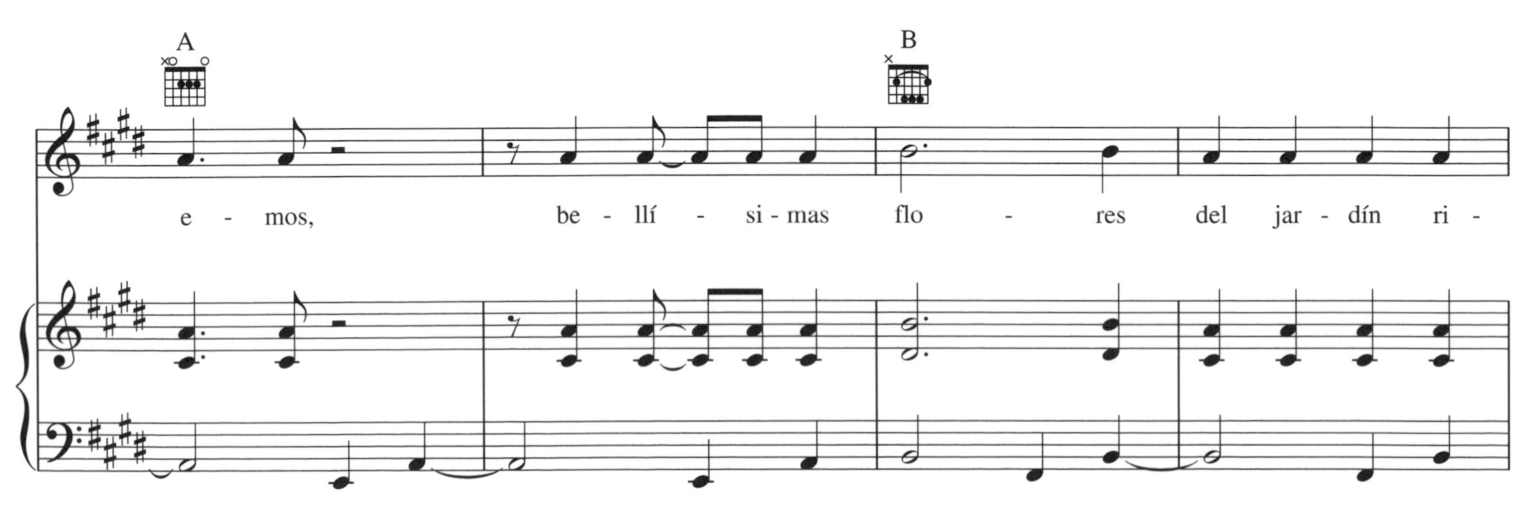
A
B
e - mos, be - llí - si - mas flo - res del jar - dín ri -

E
que - ño.
Her - mo - so bou - quet
a - quí te tra -

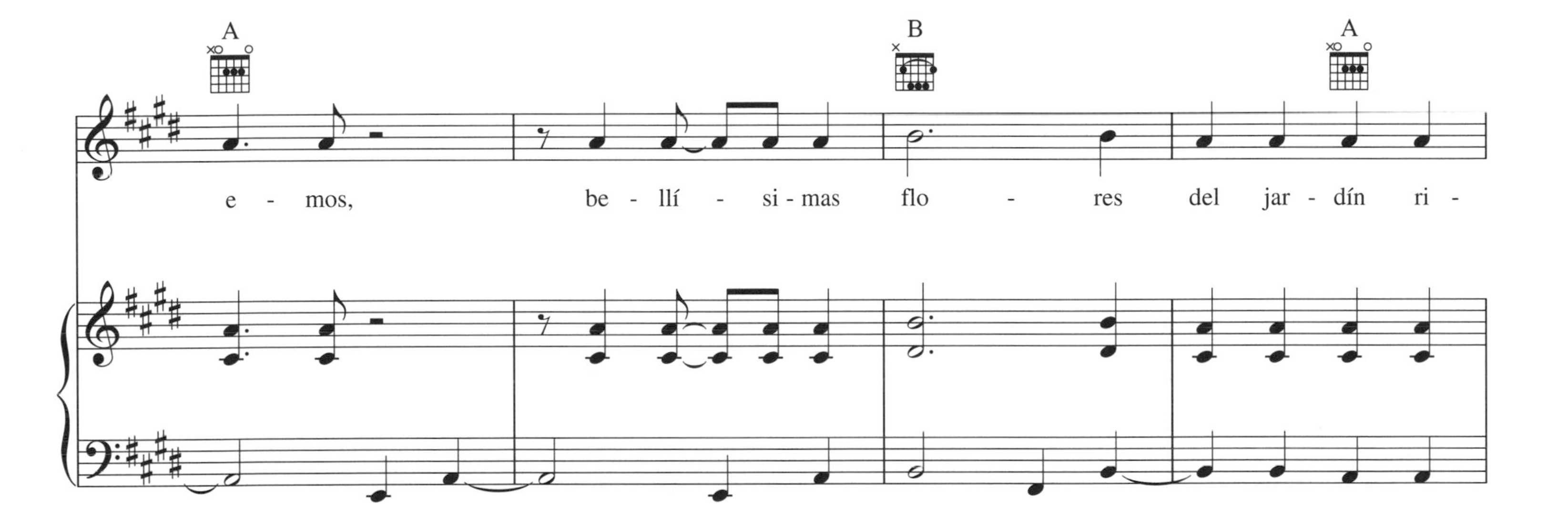
A
B
A
e - mos,
be - llí - si - mas
flo - res
del jar - dín ri -

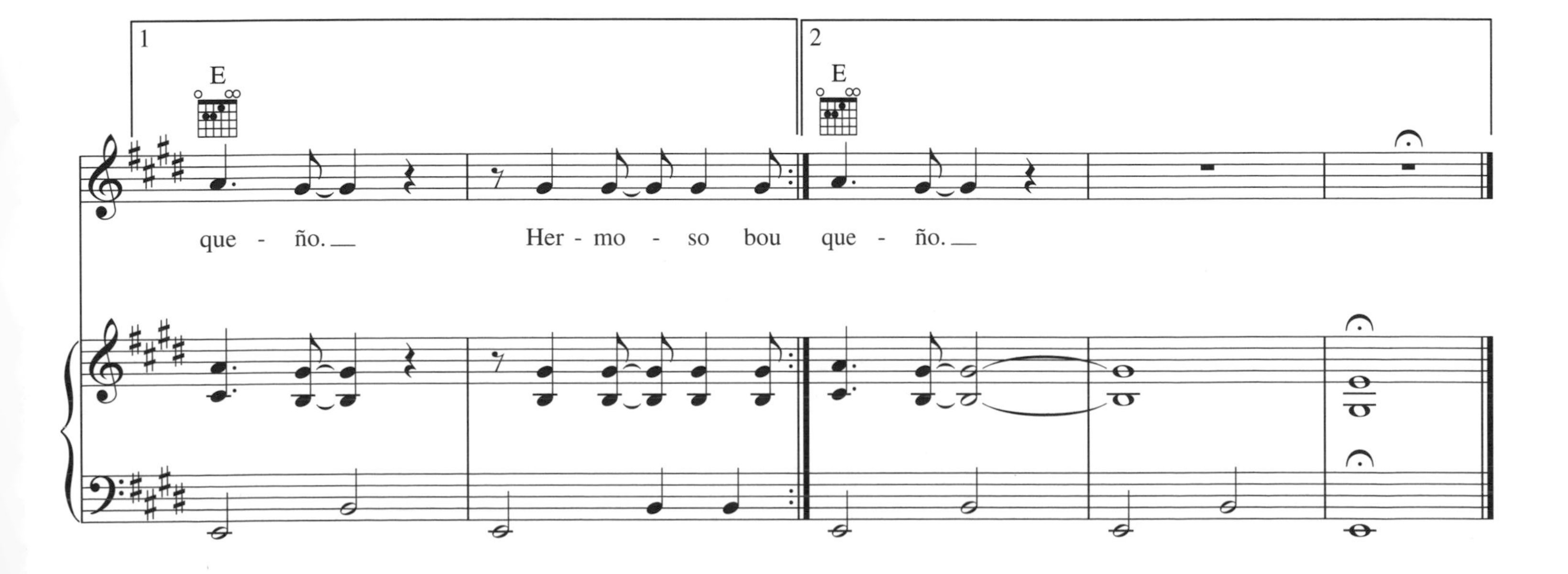
1
2
E
E
que - ño.
Her - mo - so bou
que - ño.

AGUINALDO ISABELINO

Words and Music by
JESÚS ERAZO SÁNCHEZ

Em
B7
To Coda
tar a lo i - sa - be - li - no bo - ni - to can -
tar con nues - tra pre - sen - cia un be - llo can -
tar lle - van - do a - le - grí - a con nues - tro can -

Em
B7
tar. A - le - gres ve - ni - mos pa - ra sa - lu -
tar. Sa - lu - do sa - lu - do ven - go a sa - lu -

Em
B7
dar a - le - gres ve - ni - mos pa - ra sa - lu -
dar sa - lu - do sa - lu - do ven - go a sa - lu -

Em
B7
dar. A las a - mis - ta - des de es - te san - to ho -
dar. A lo i - sa - be - li - no bo - ni - to can -

Em
B7
gar a las a - mis - ta - des de es - te san - to ho -
tar a lo i - sa - be - li - no bo - ni - to can -

Em
B7
gar.
tar.

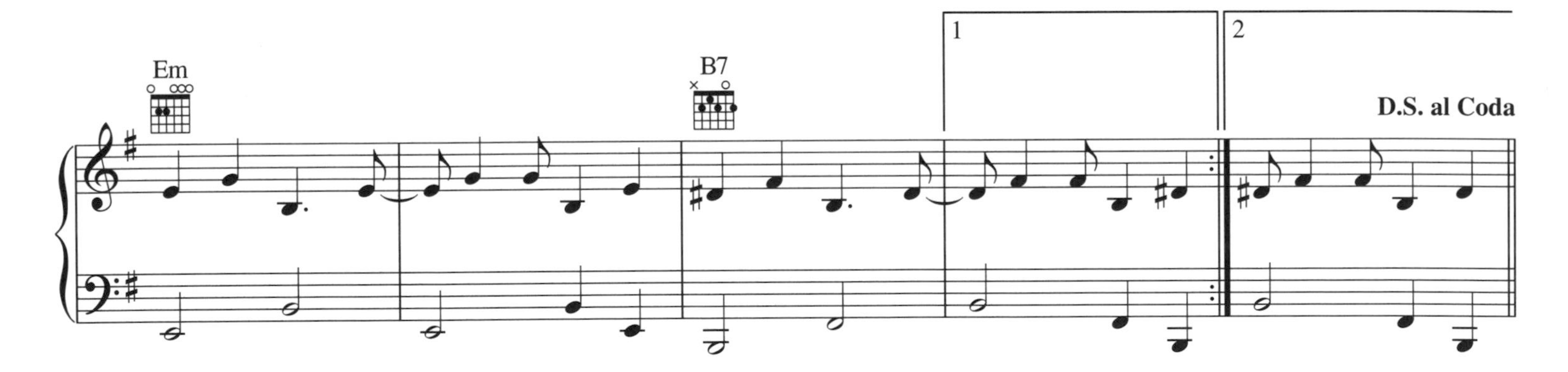
Em
B7
1
2
D.S. al Coda

CODA
Em
tar.

ASÍ ES MI NAVIDAD

Words and Music by
EDMUNDO DISDIER

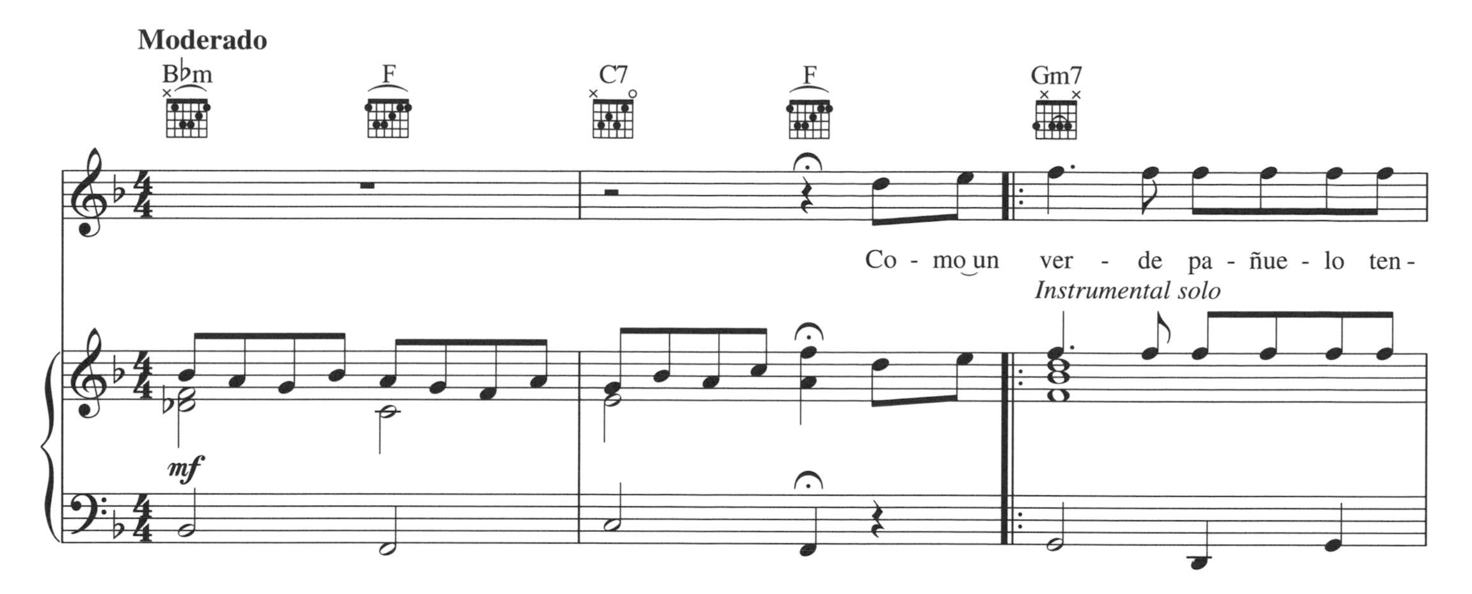

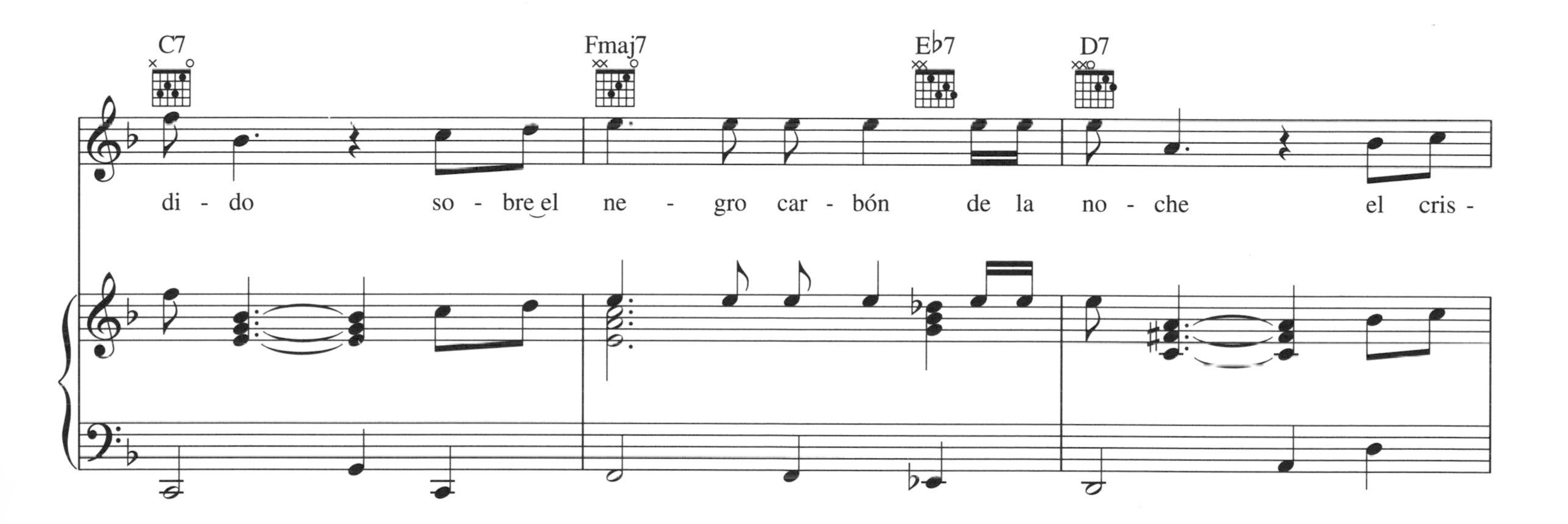

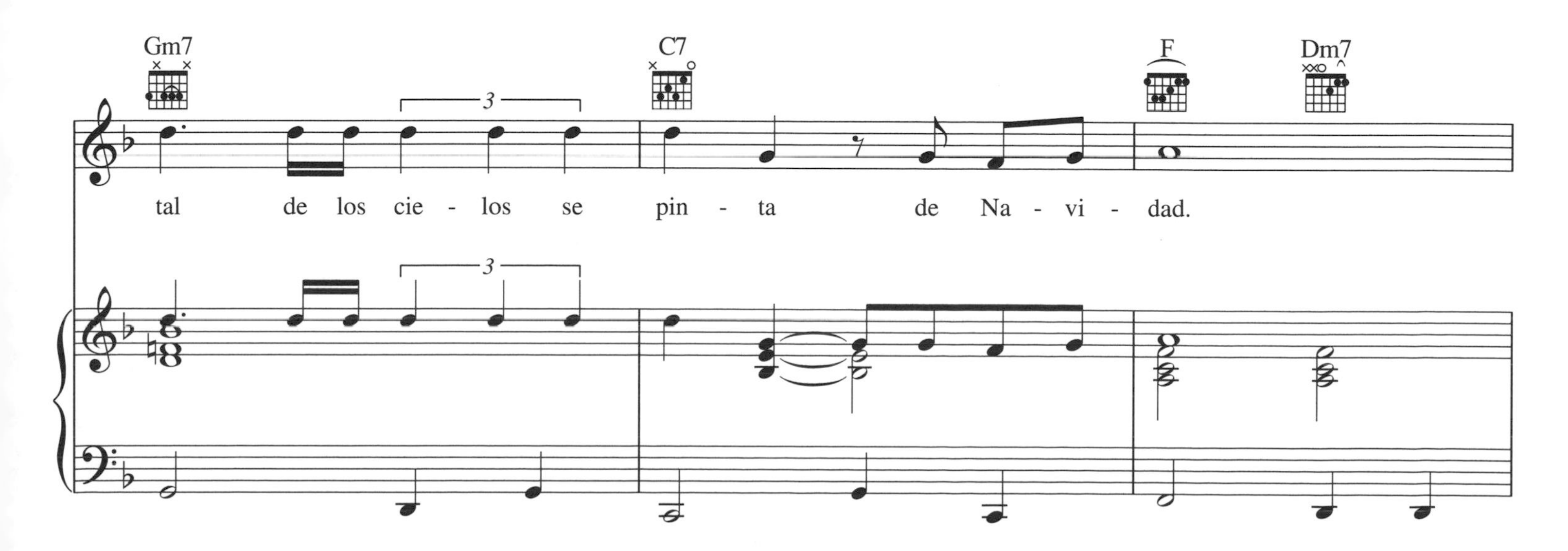

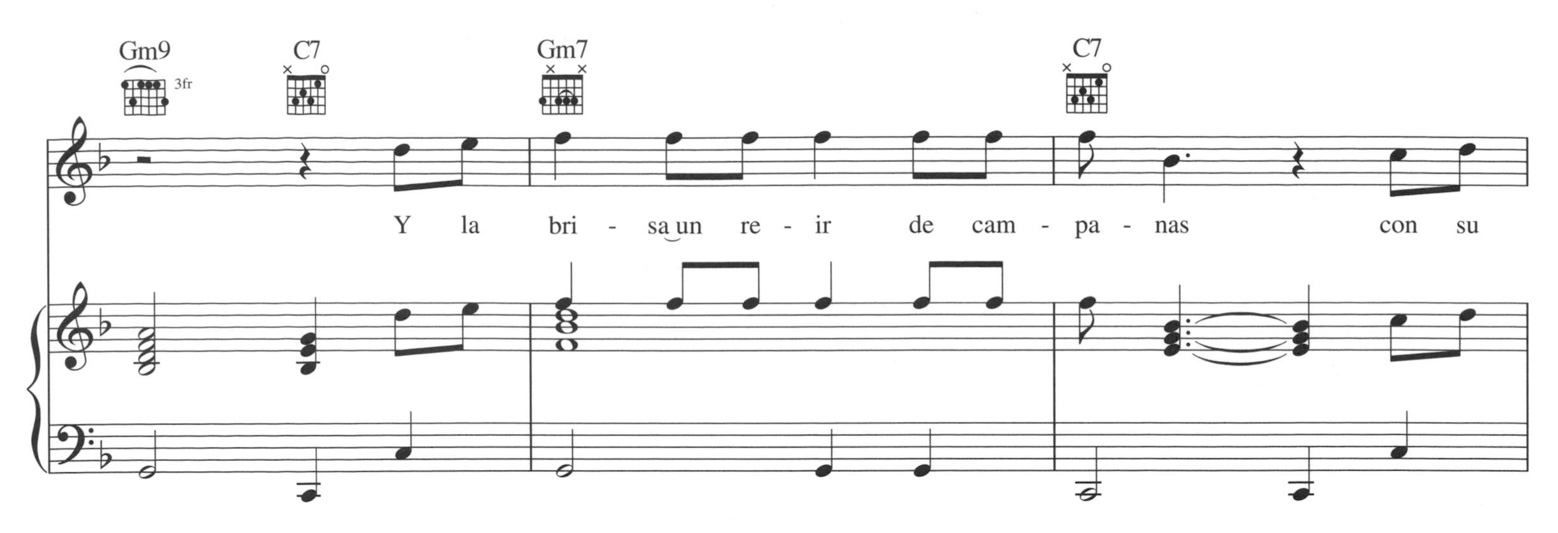
Gm9
3fr
C7
Gm7
C7
Y la bri - sa un re - ir de cam - pa - nas con su

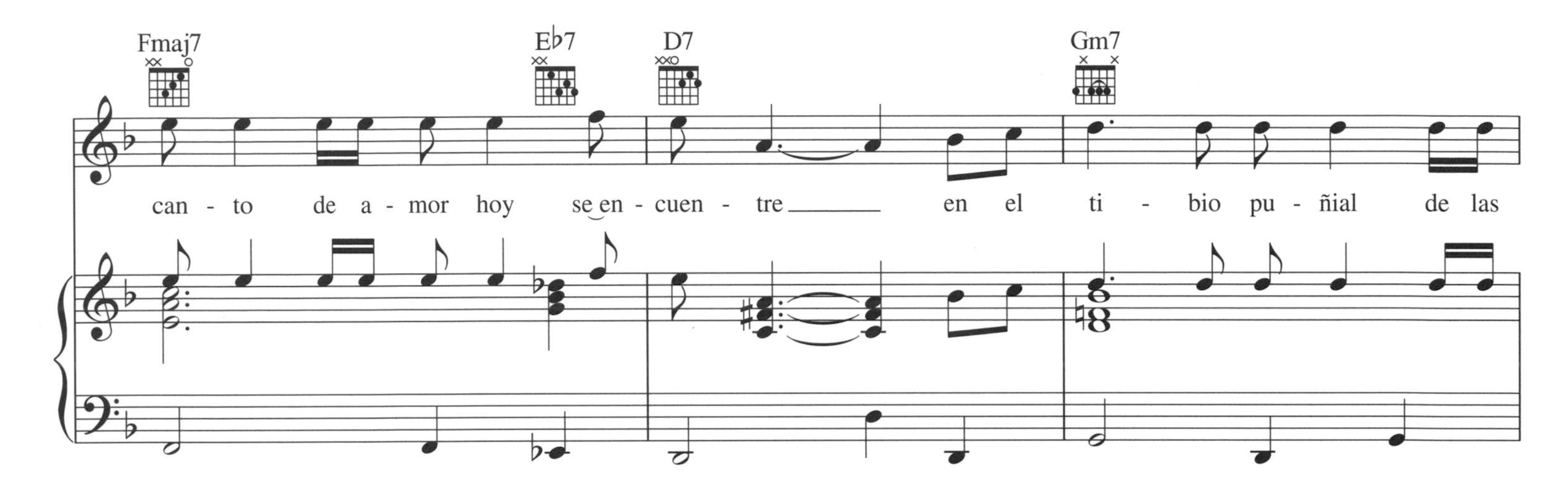
Fmaj7
E♭7
D7
Gm7
can - to de a - mor hoy se en - cuen - tre en el ti - bio pu - ñial de las

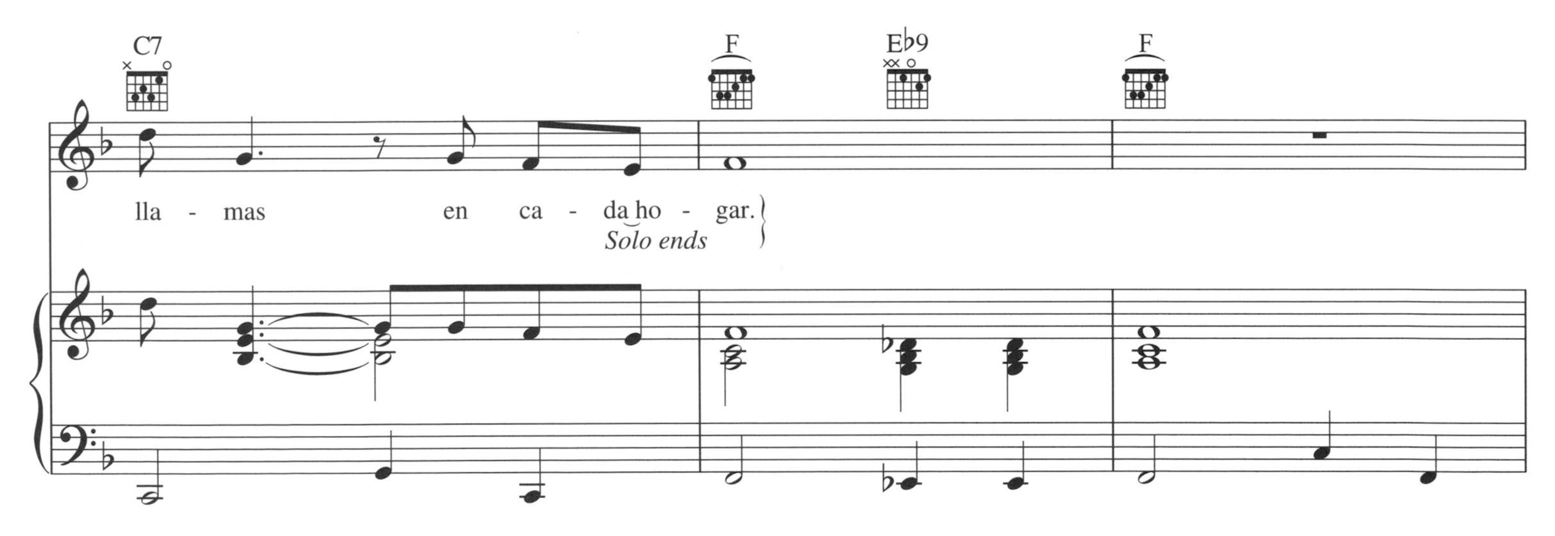
C7
F
E♭9
F
lla - mas en ca - da ho - gar.
Solo ends

Gm7
C7
F
Gm7
C7
3
Se oy - en las do - ce en el vie - jo re - loj do - ce tic tacs que se

F G7 C F/G Gm7
van mien - tras a - rru - llan al mun - do de paz can - tos de Na - vi -

Gm7/C Gm7 C7 Fmaj7 E♭7
3
dad. Mien - tras u - nos aho - gan las pe - nas en el ti - bio li - cor o - tros

D7 Gm7 C7
can - tan. Y de fies - ta se pin - ta la ce - na de Na - vi -

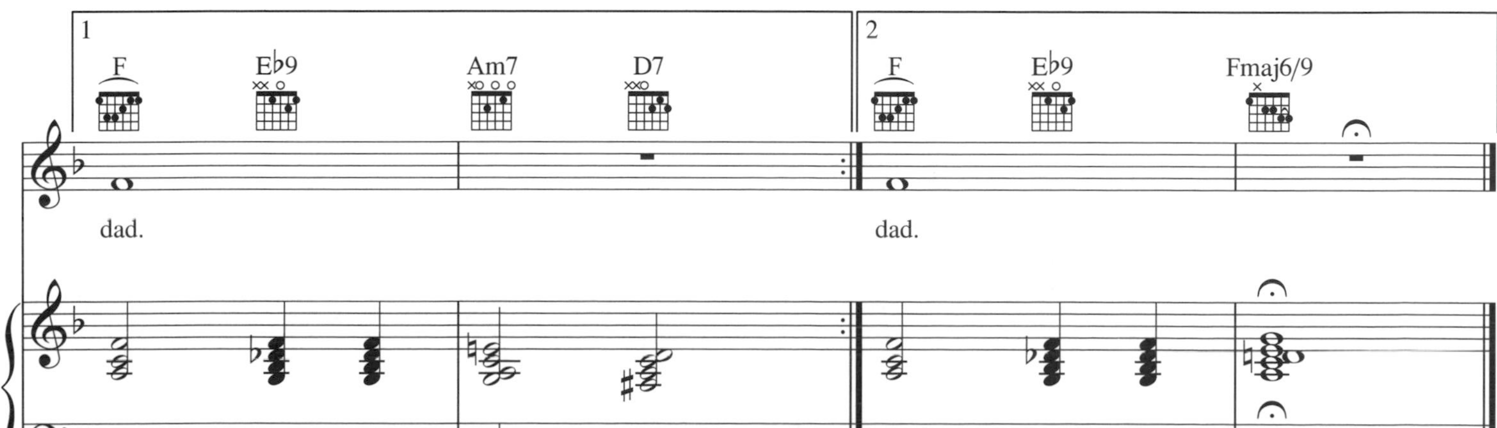
1 2
F E♭9 Am7 D7 F E♭9 Fmaj6/9
dad. dad.

AGUINALDO PUERTORRIQUEÑO

Words and Music by
RAFAEL HERNÁNDEZ MARIN

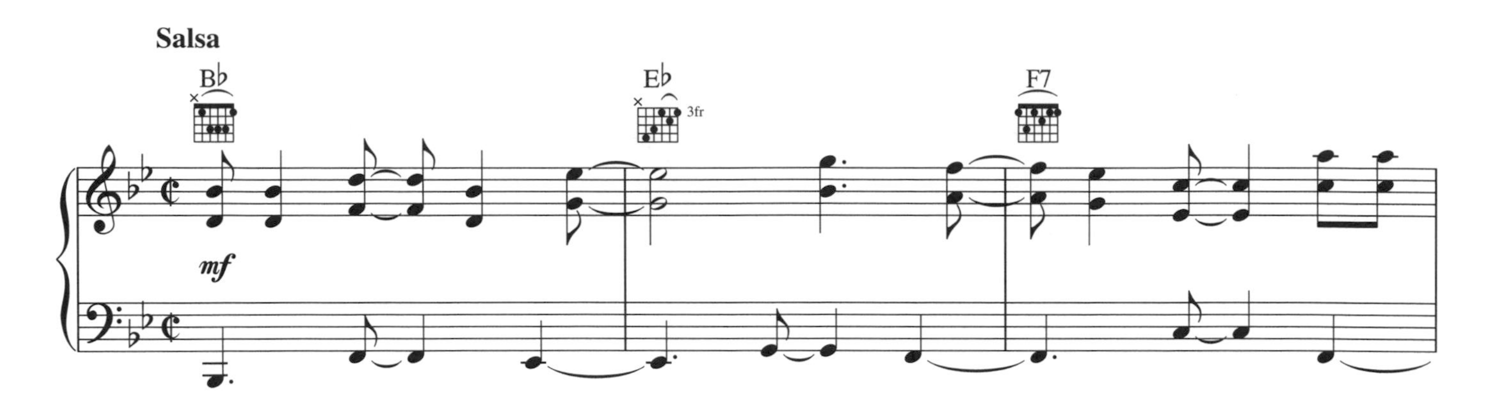

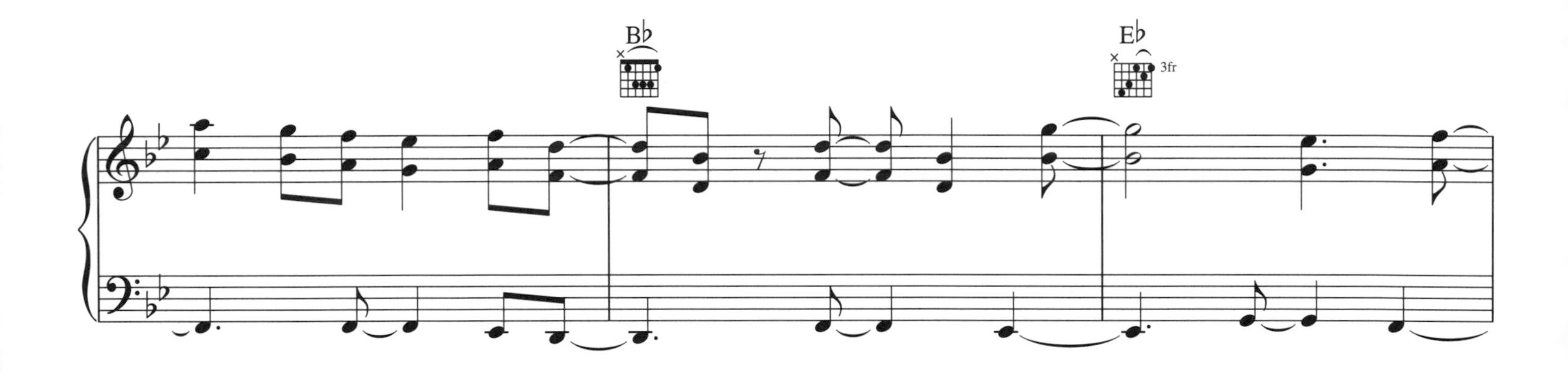

C7
F7

B♭6
N.C.
Des - de Puer - to

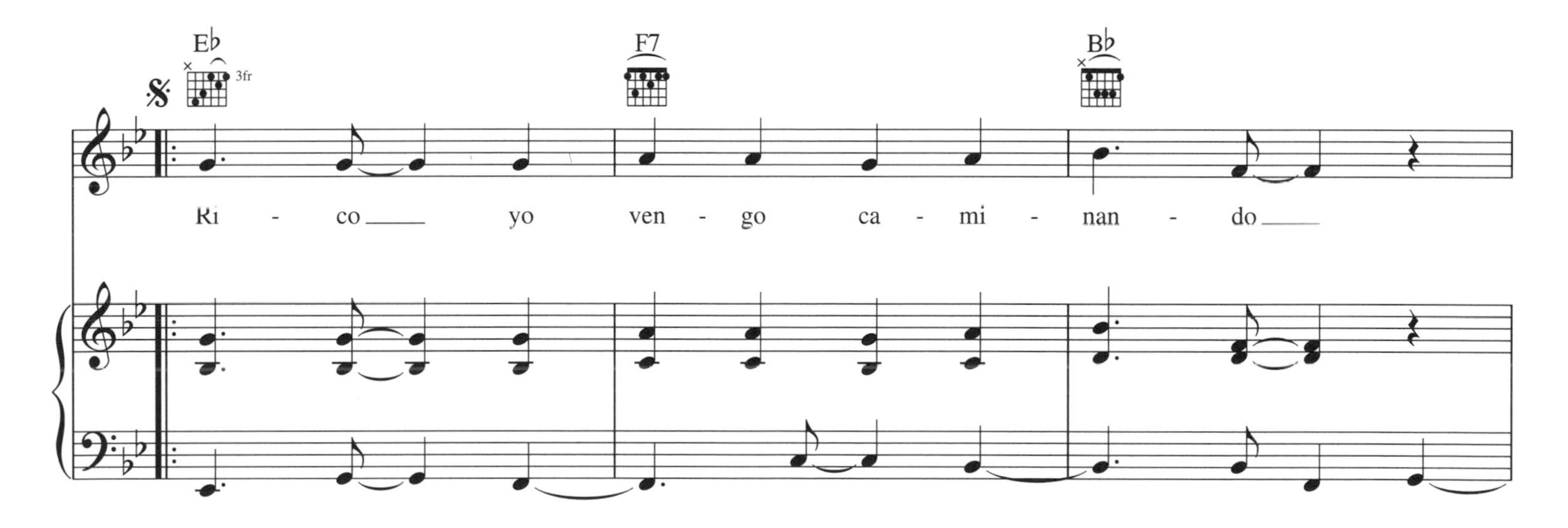
E♭
3fr
F7
B♭
Ri - co yo ven - go ca - mi - nan - do

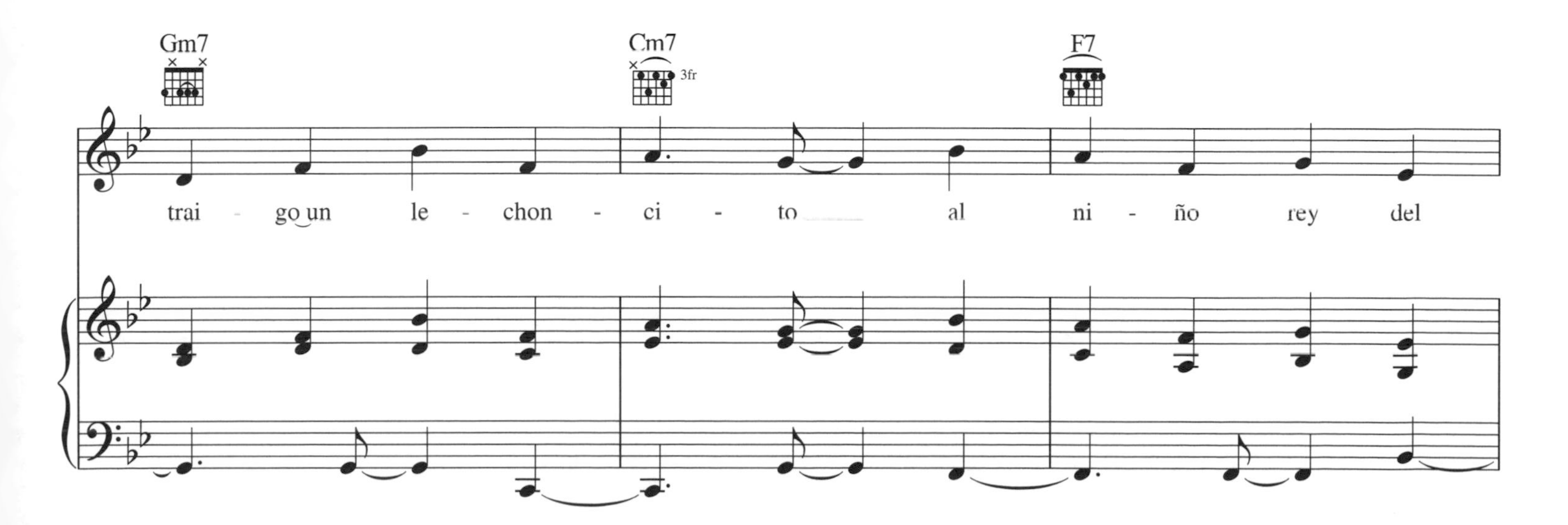
Gm7
Cm7
3fr
F7
trai - go un le - chon - ci - to al ni - ño rey del

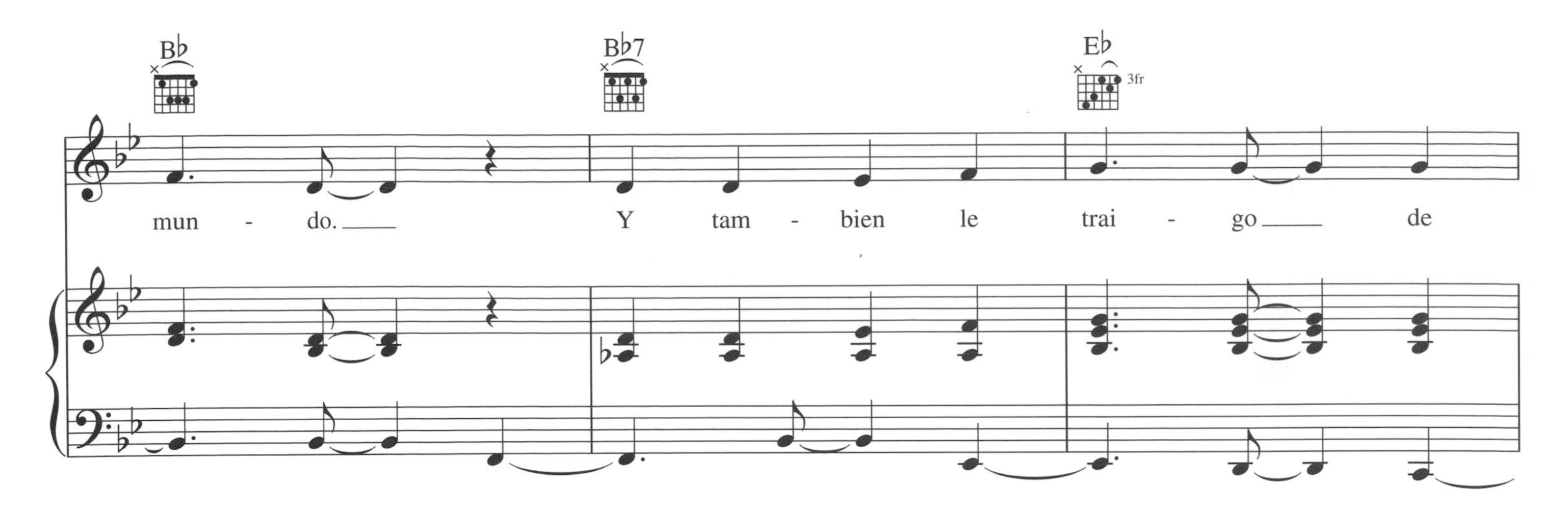
B♭
B♭7
E♭
3fr
mun - do.
Y tam - bien le trai - go de

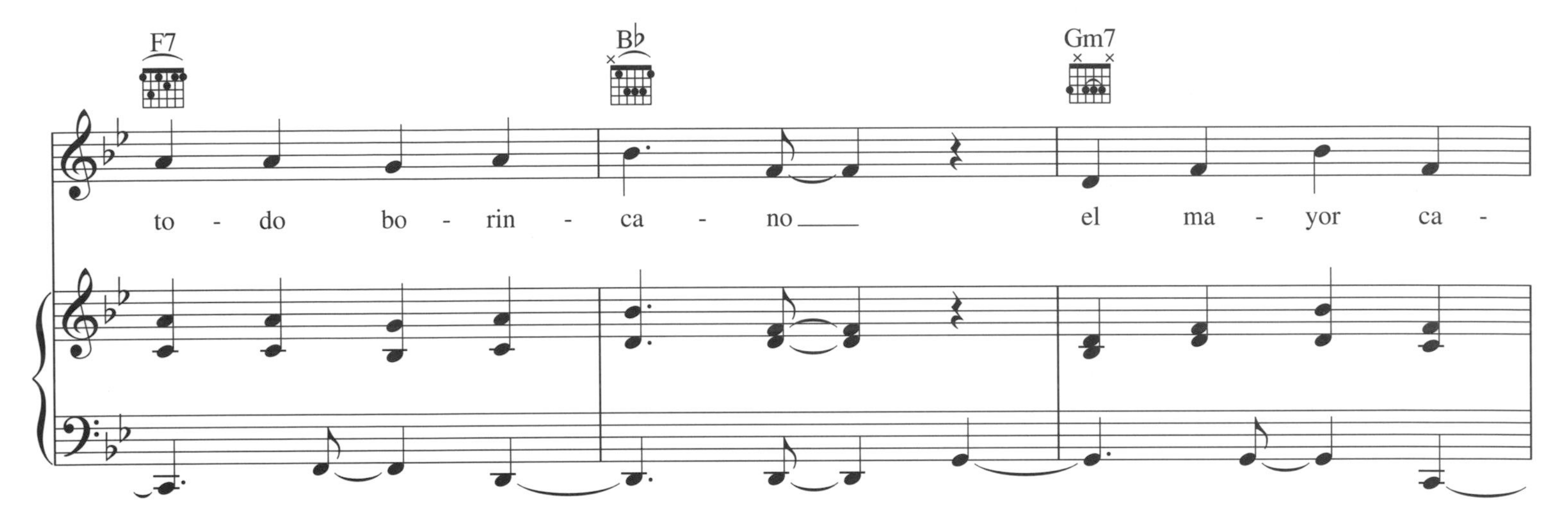
F7
B♭
Gm7
to - do bo - rin - ca - no
el ma - yor ca -

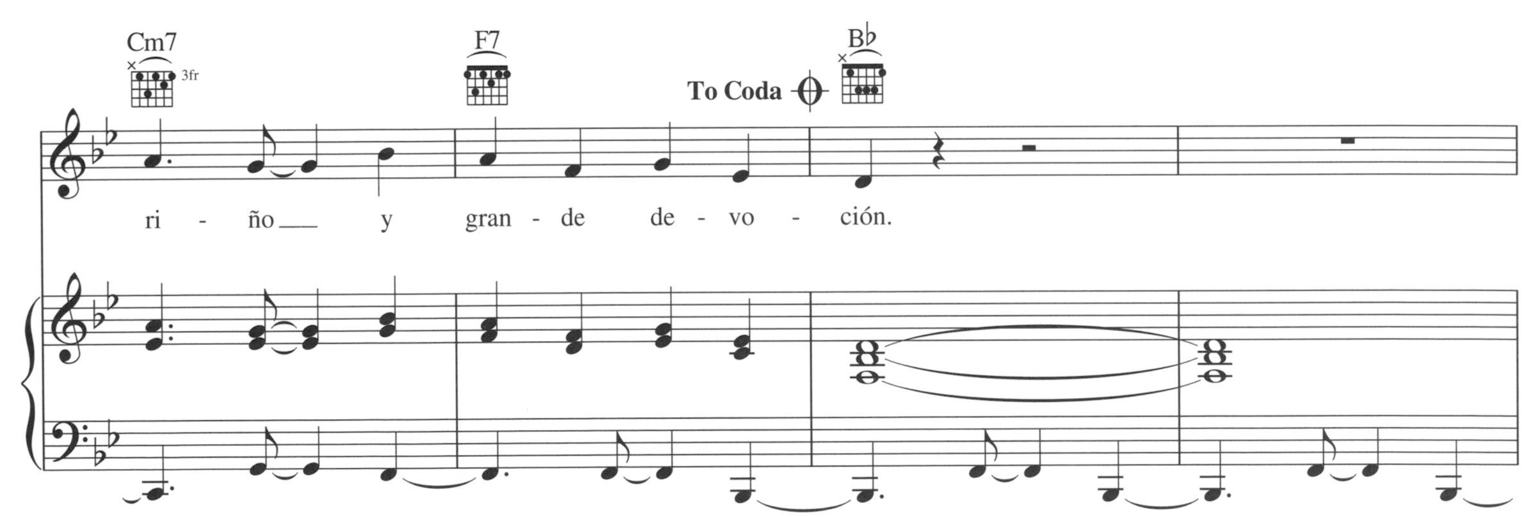
Cm7
3fr
F7
To Coda
B♭
ri - ño y gran - de de - vo - ción.

E♭
3fr
F7
És - ta no es No - che - bue - na,
A - no - che ba - jó del cie - lo,

B♭
E♭
3fr
F7
no- che de cua- tro y gui- ta - rra.
un ni - ño tier - no y her- mo - so.

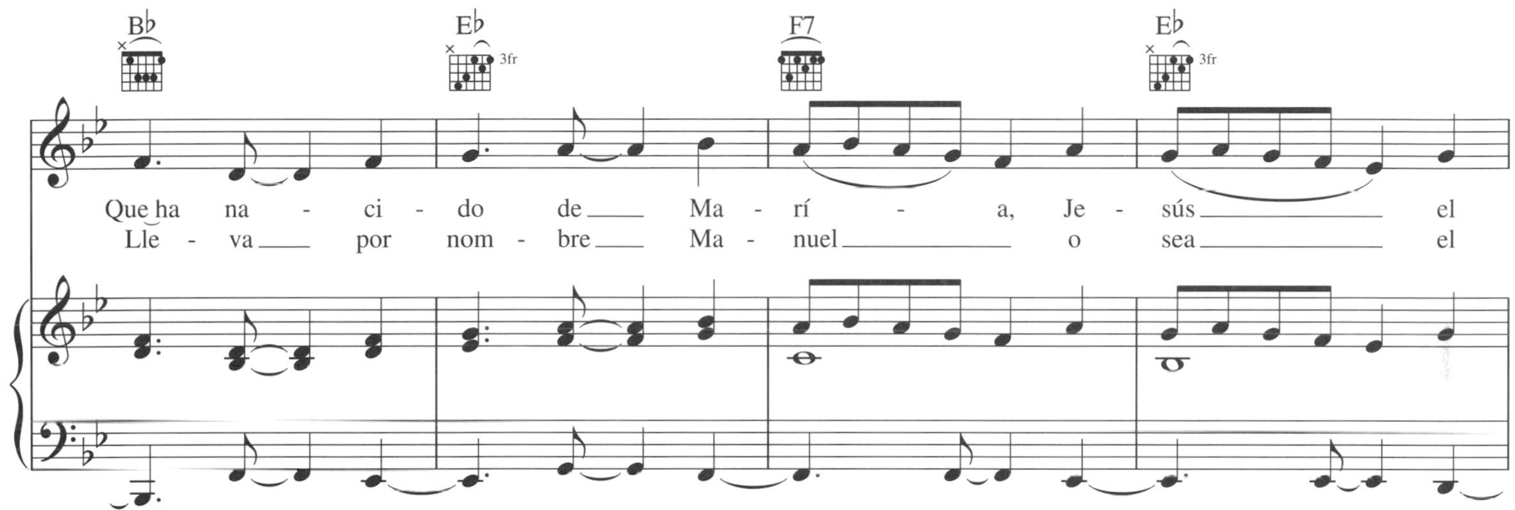
B♭
E♭
3fr
F7
E♭
3fr
Que ha na - ci- do de Ma- rí - a, Je- sús el
Lle - va por nom - bre Ma- nuel o sea el

B♭
C7
F7
B♭6
Dios que vie- ne a re- di - mir- nos.
Dios que vie- ne a sal- var- nos.

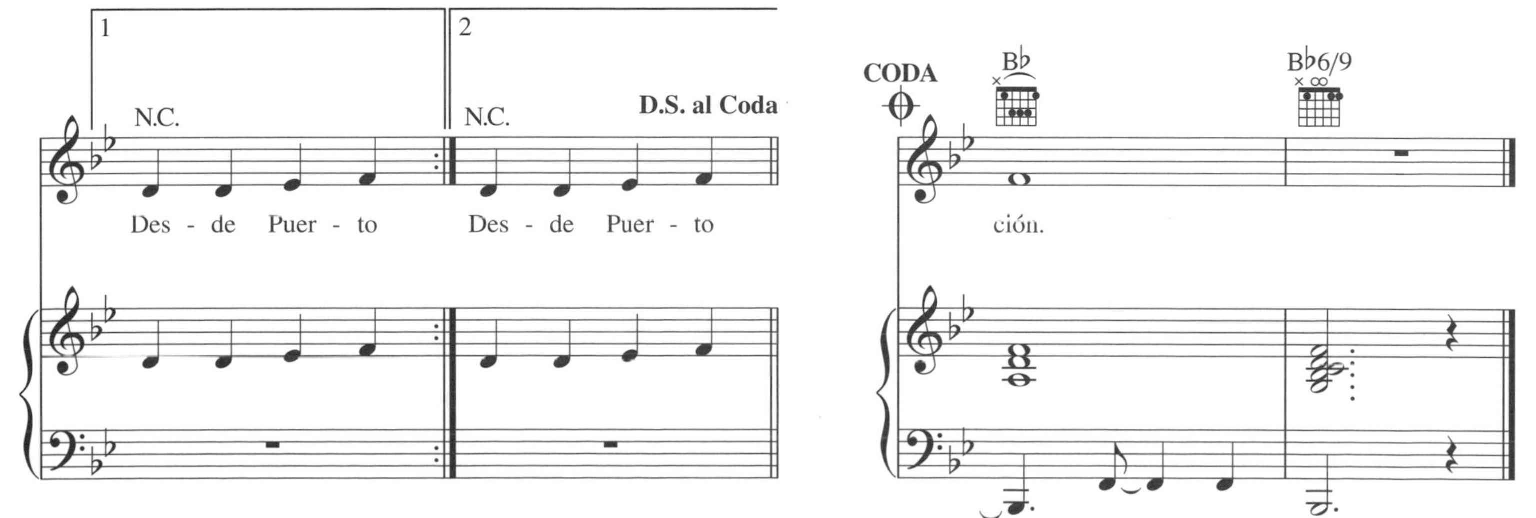
1
2
N.C.
N.C.
D.S. al Coda
CODA
B♭
B♭6/9
Des - de Puer - to
Des - de Puer - to
ción.

ALMA NAVIDEÑA

Words and Music by
MIGUEL ABDALA CHAR

Moderado-Rápido

C D G
Yo te can - ta - ré ___ con el al - ma. ___ Yo te can - ta - ré. 1. Quie - ro can -
2. Quie - ro can -
3.,4. (Mire las letras adicionales)

C C# D G
tar con el al - ma. Quie - ro can -
tar con ale - grí - a quie - ro can -

C C# D G
tar con a - mor ___ en es - ta mi No - che - bue - na por - que ha lle - ga -
tar con c - mo - ción par que rei - ne la cal - ma pues ha lle - ga -

C
C♯
D
G
- do el ni - ño Dios, en es - ta mi No - che - bue - na por - que ha lle - ga -
- do el Re - den - tor que rei - ne la cal - ma yo se lo im - plo -

C
C♯
D
To Coda
1, 3
G
- do el ni - ño Dios.
- ro en mi can - ción.

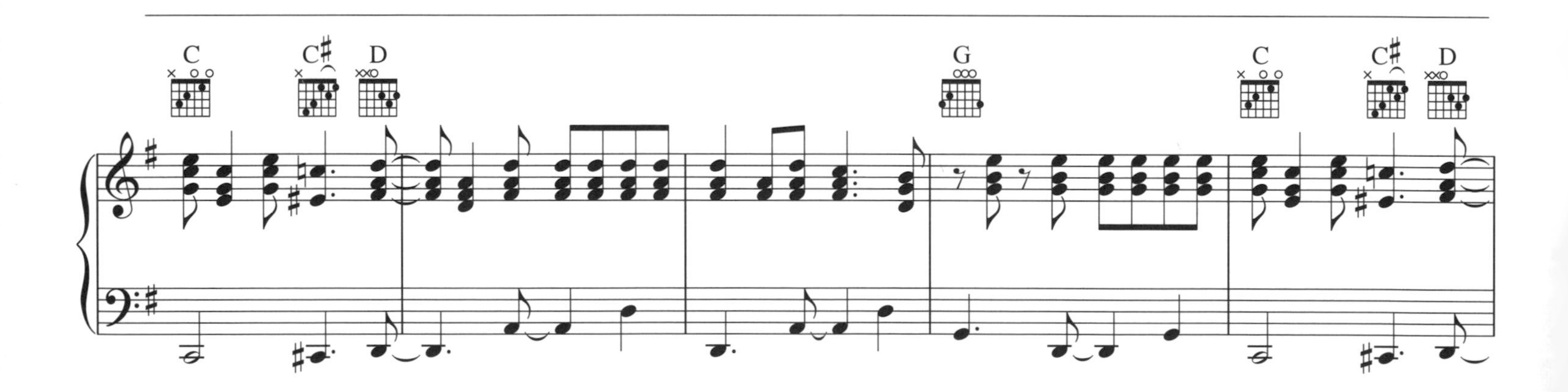
C
C♯
D
G
C
C♯
D

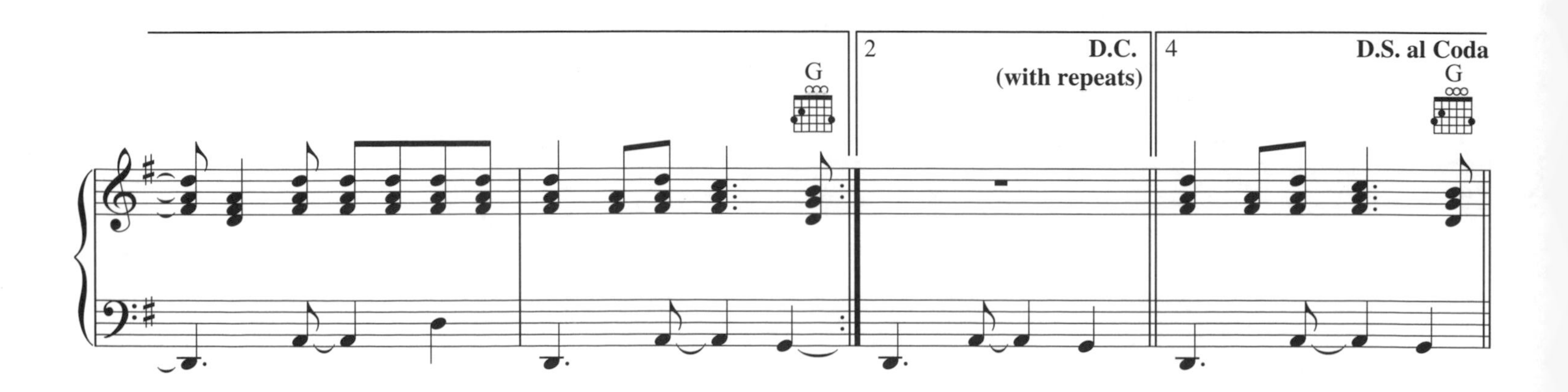
G
2
D.C.
(with repeats)
4
D.S. al Coda
G

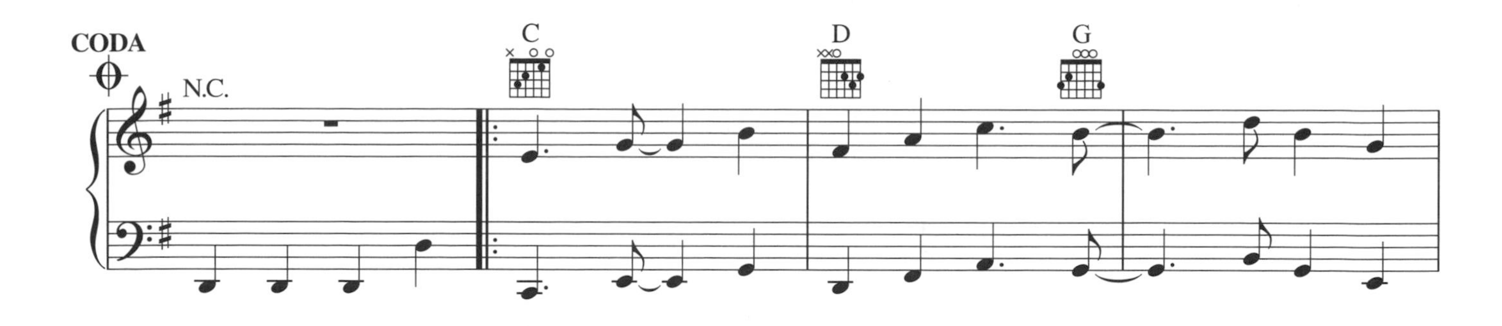

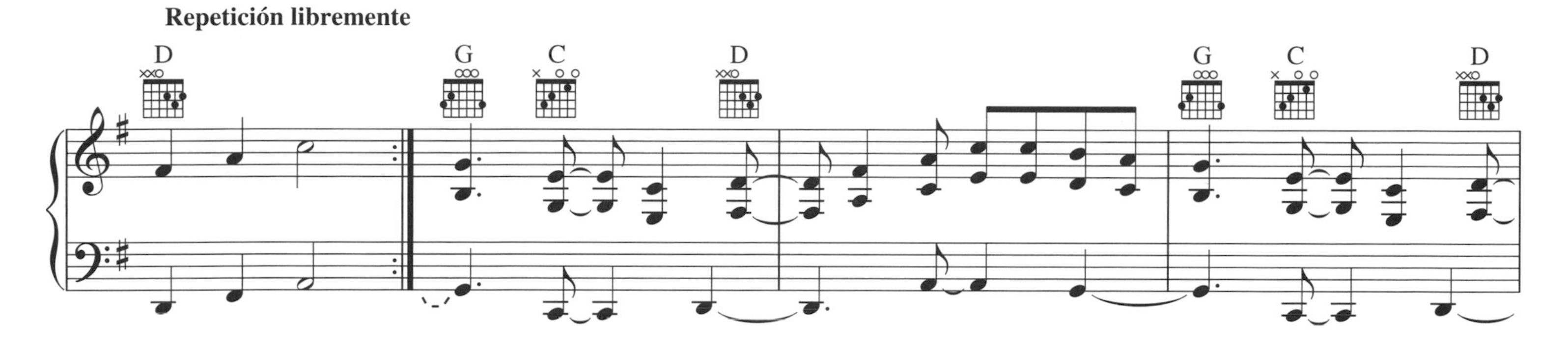

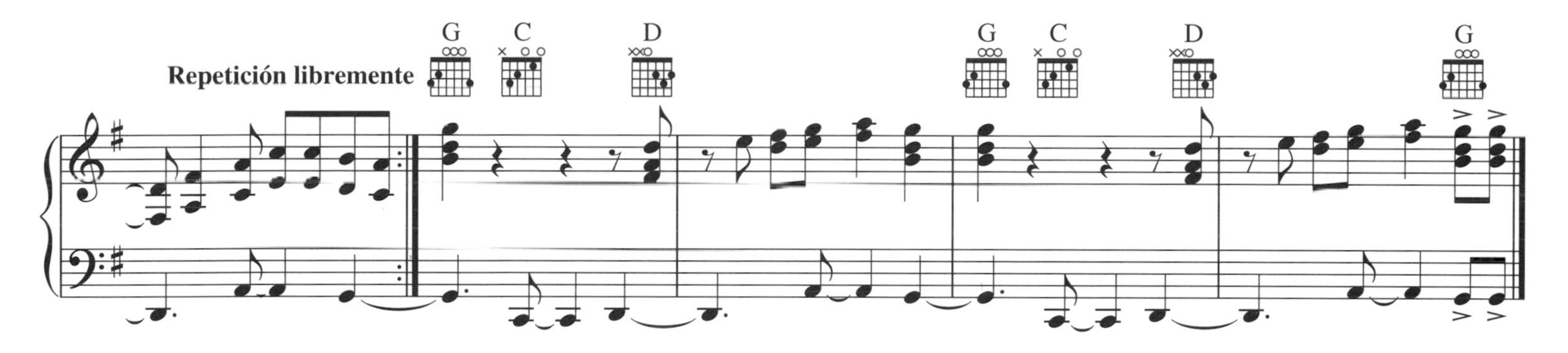

Letras Adicionales

Todos los niños de Colombia
Alegres cantando van
Cumplidos y traquitraqui
Porque ha llegado la navidad
Y los aguinaldos que
El niño Dios siempre les da

Coro

Gloria a Dios a las alturas
Y en la tierra mucha paz
Que se acabe la guerra
Y los problemas de actualidad
Que no halla violencia
Y que reine siempre la paz

ARBOLITO

Traditional

Moderado

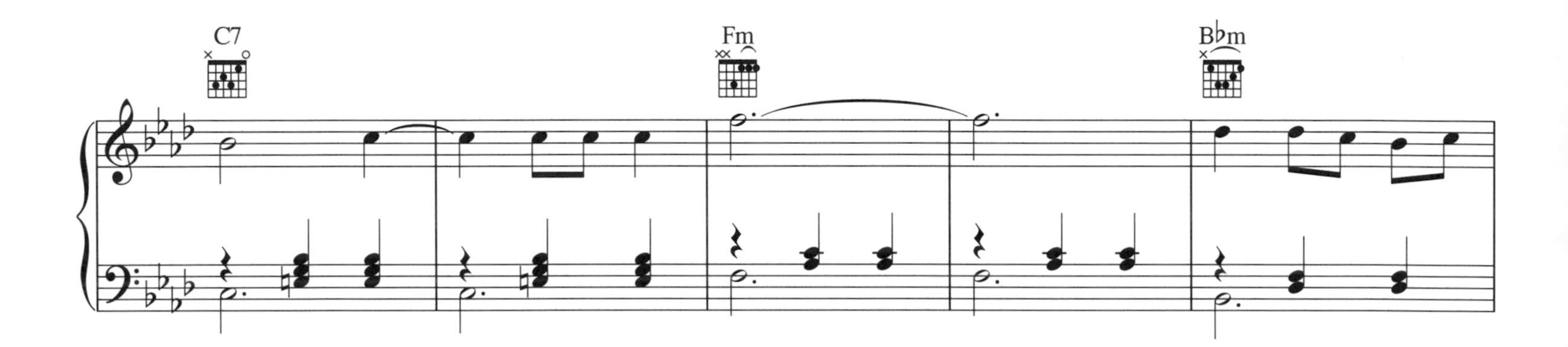

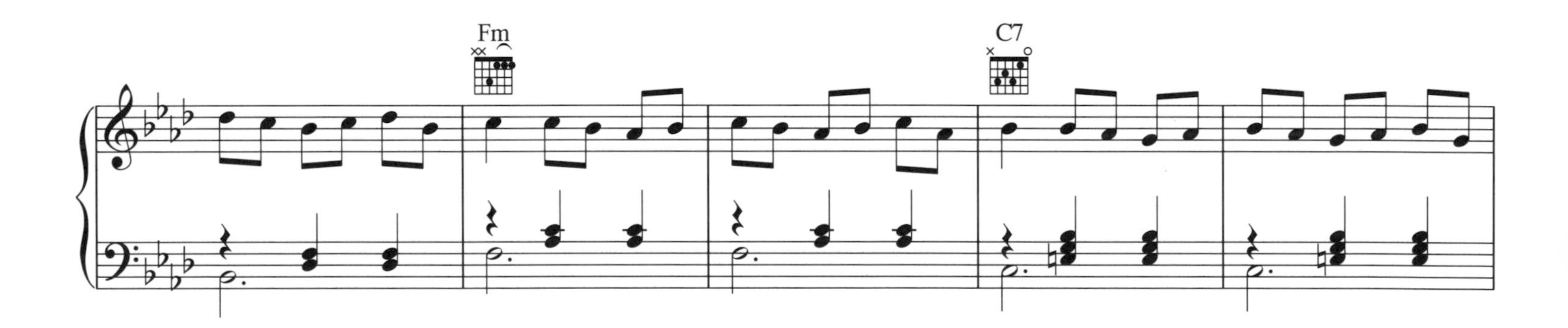

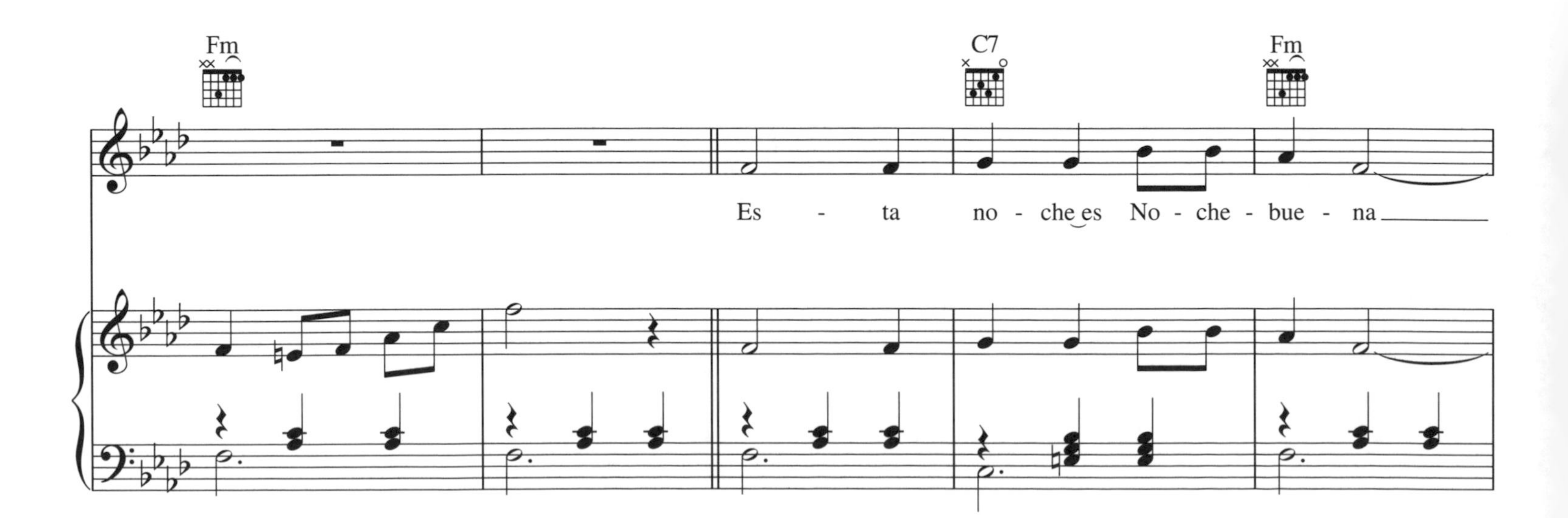

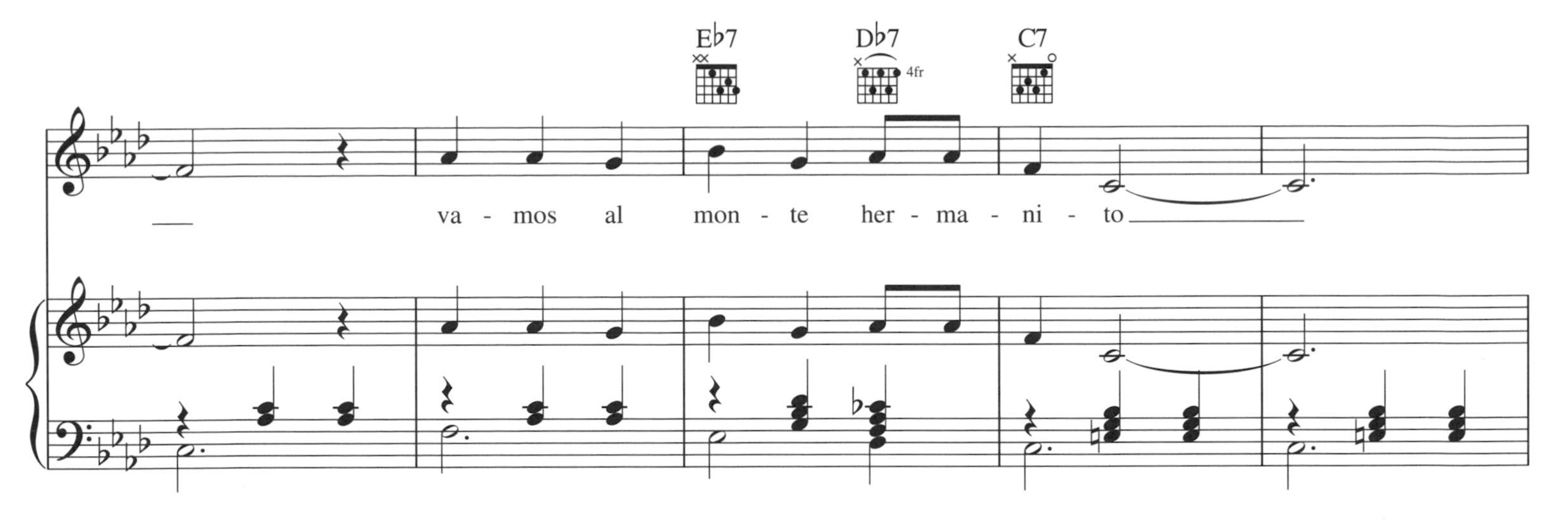
E♭7
D♭7
4fr
C7
vamos al monte hermanito

F7
B♭m
E♭7
a cortar un arbolito porque la

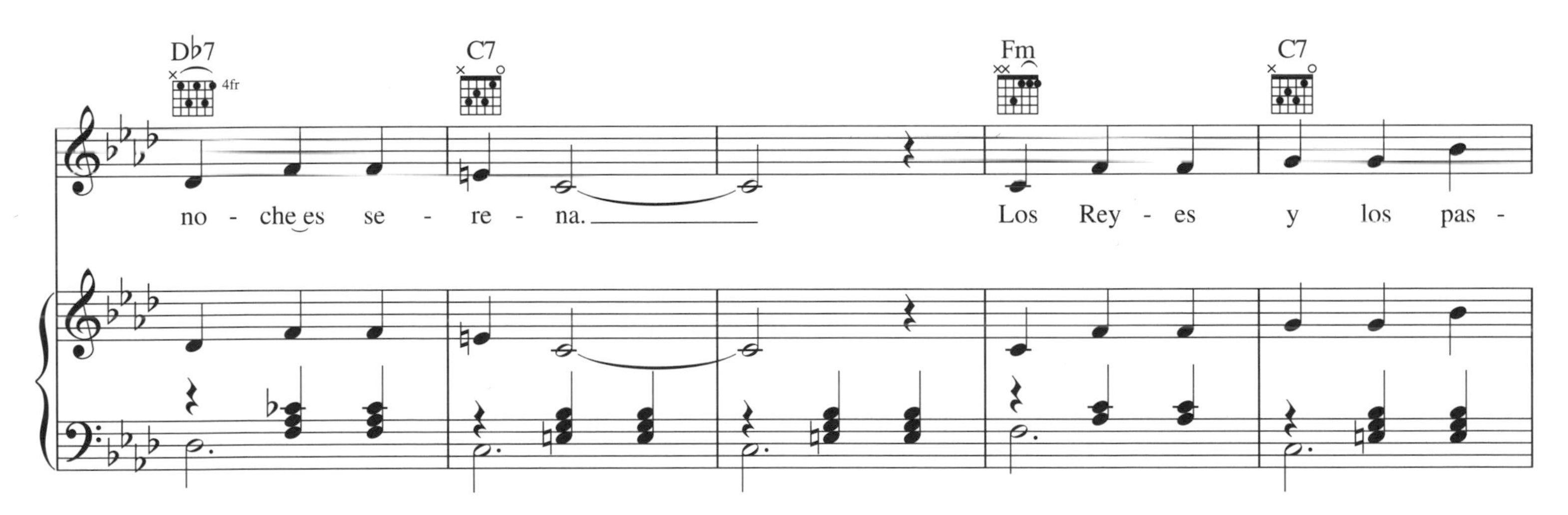
D♭7
4fr
C7
Fm
C7
noche es serena. Los Reyes y los pas-

Fm
E♭7
D♭7
4fr
C7
tores andan siguiendo una estrella,

F7
B♭m
le can - tan a Je - sús Ni - ño, hi - jo

C7
Fm
F
de la vir - gen be - lla. Ar - bo - li -

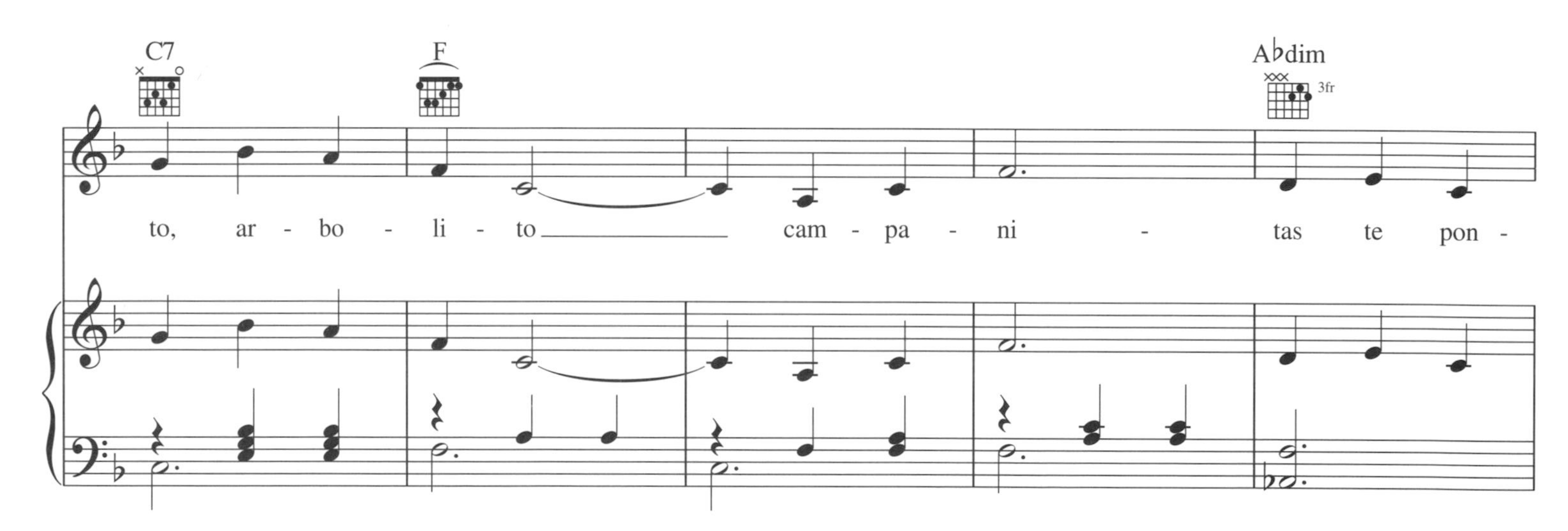
C7
F
A♭dim
3fr
to, ar - bo - li - to cam - pa - ni - tas te pon -

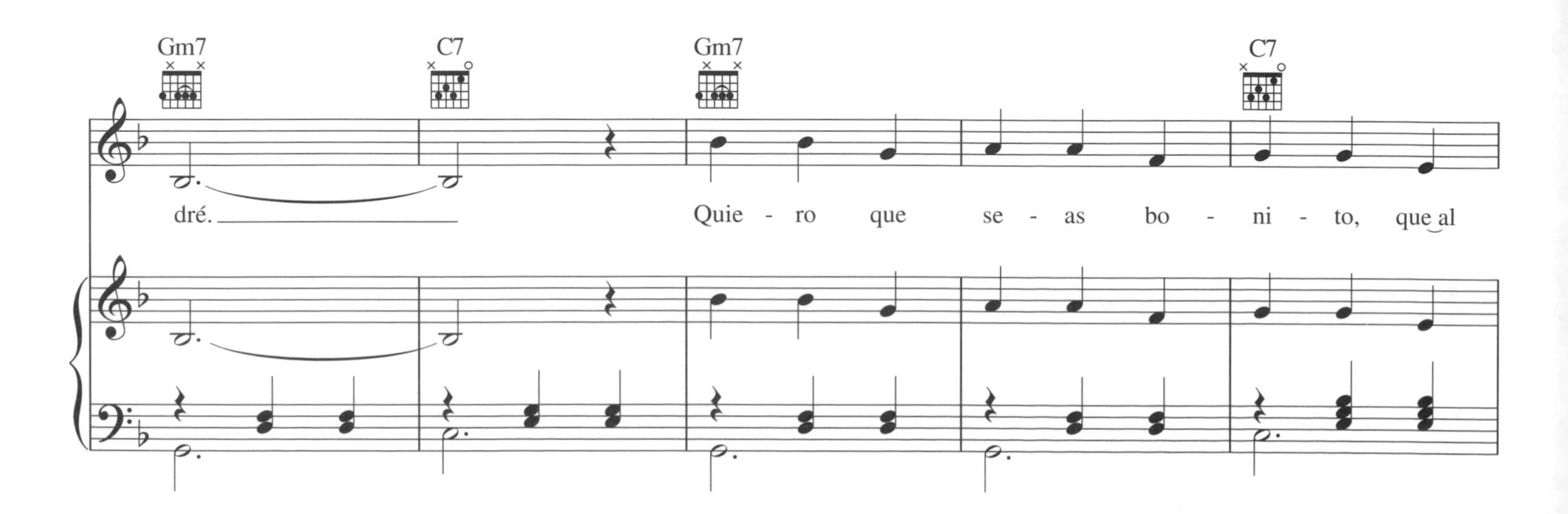
Gm7
C7
Gm7
C7
dré. Quie - ro que se - as bo - ni - to, que al

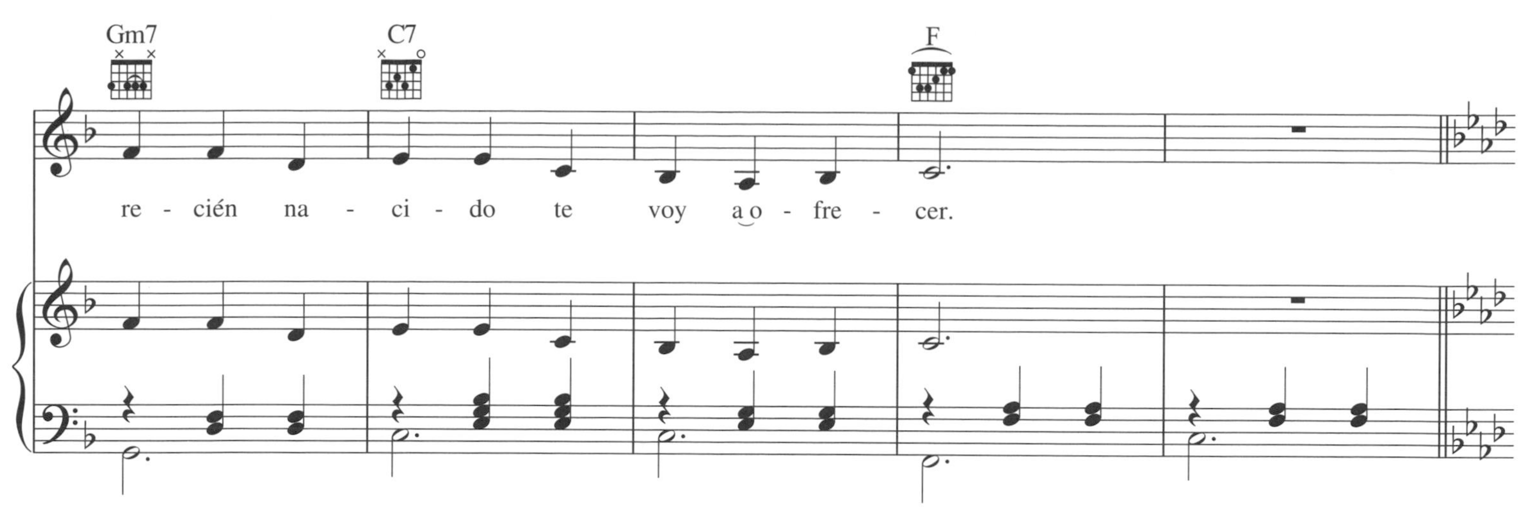
Gm7
C7
F
re - cién na - ci - do te voy a o - fre - cer.

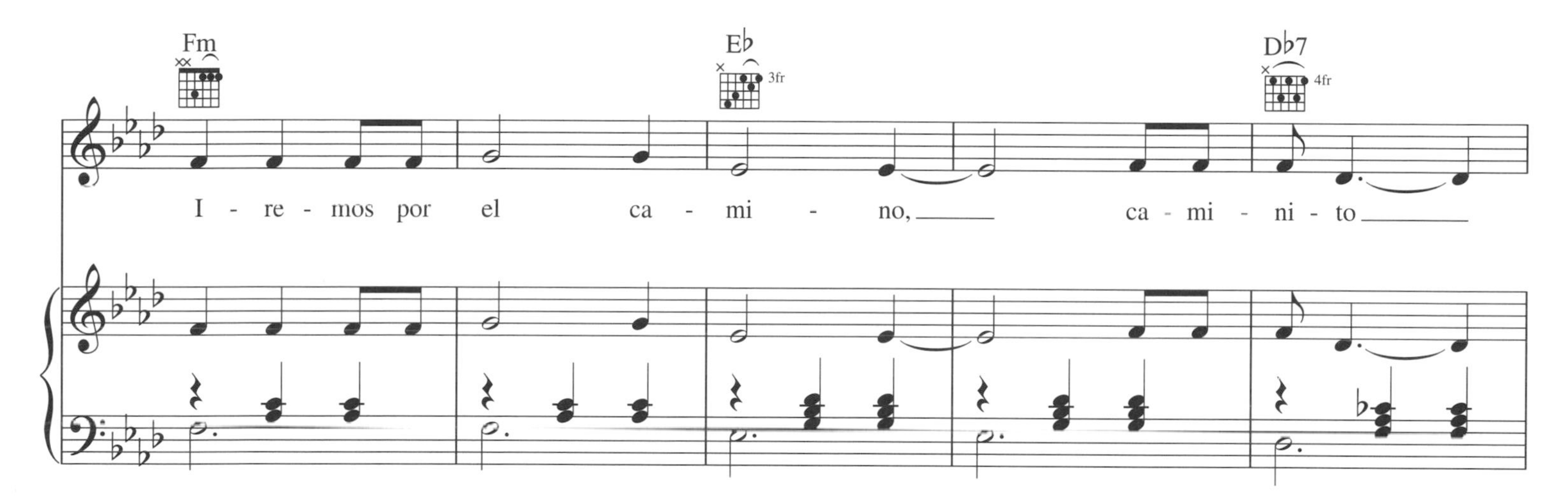
Fm
E♭
D♭7
3fr
4fr
I - re - mos por el ca - mi - no, ca - mi - ni - to

C7
F
C7
de Be - lén. I - re - mos por - que es - ta

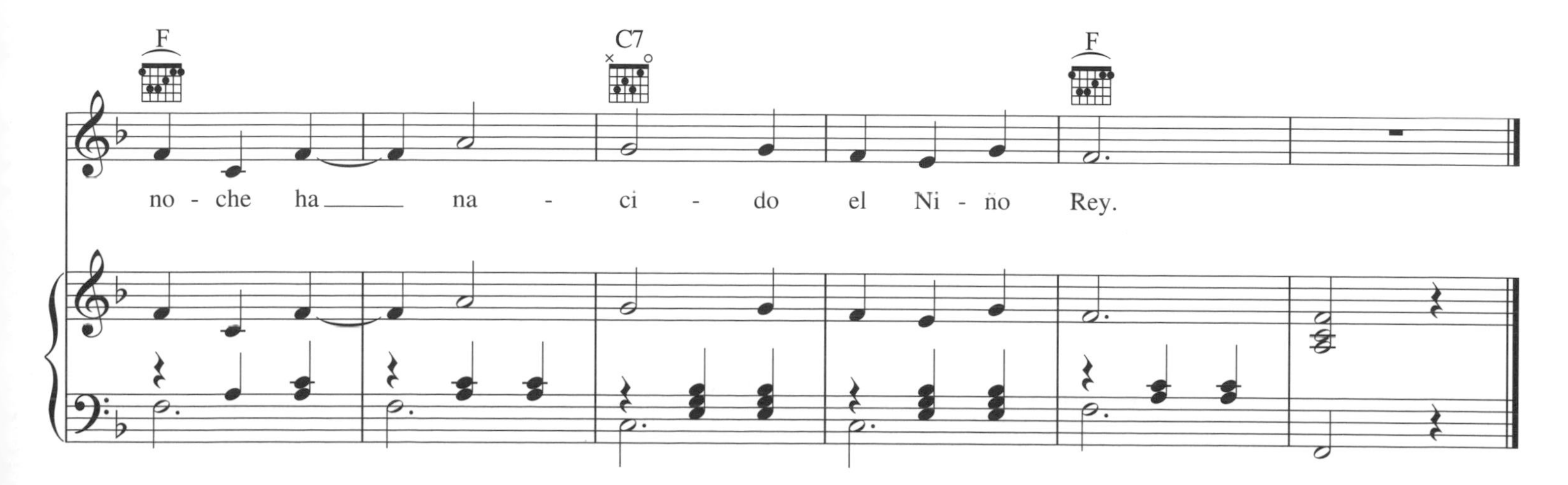
F
C7
F
no - che ha na - ci - do el Ni - ño Rey.

BRISAS DE NAVIDAD

Words and Music by
BENITO DE JESÚS

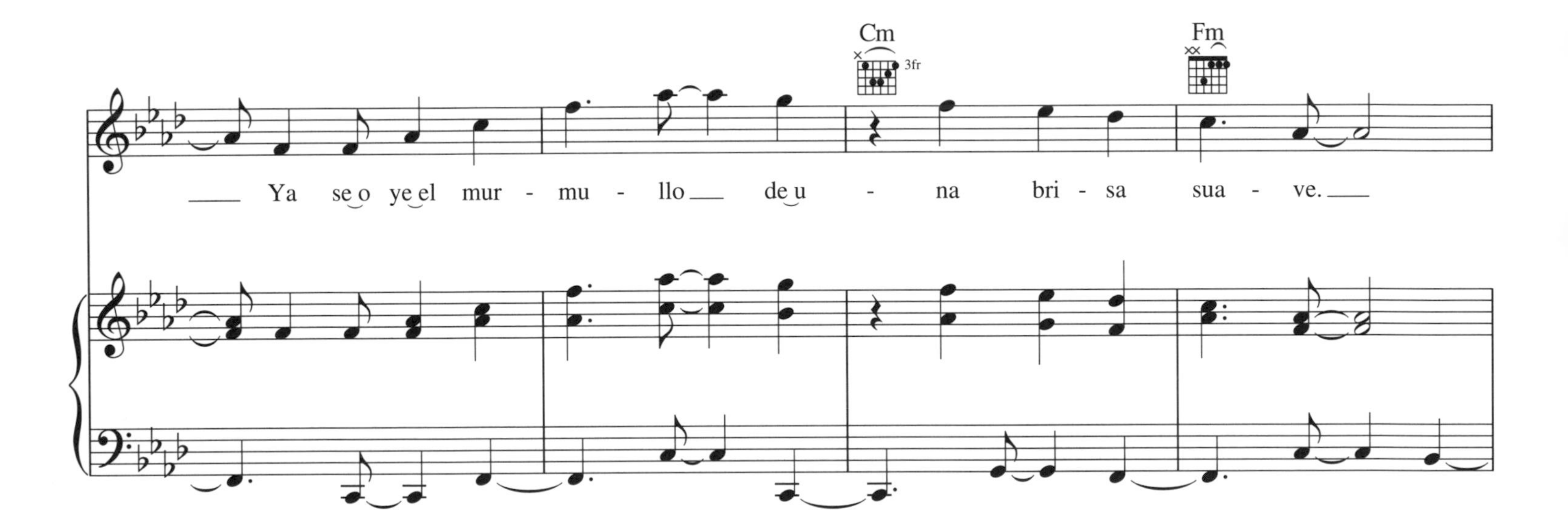

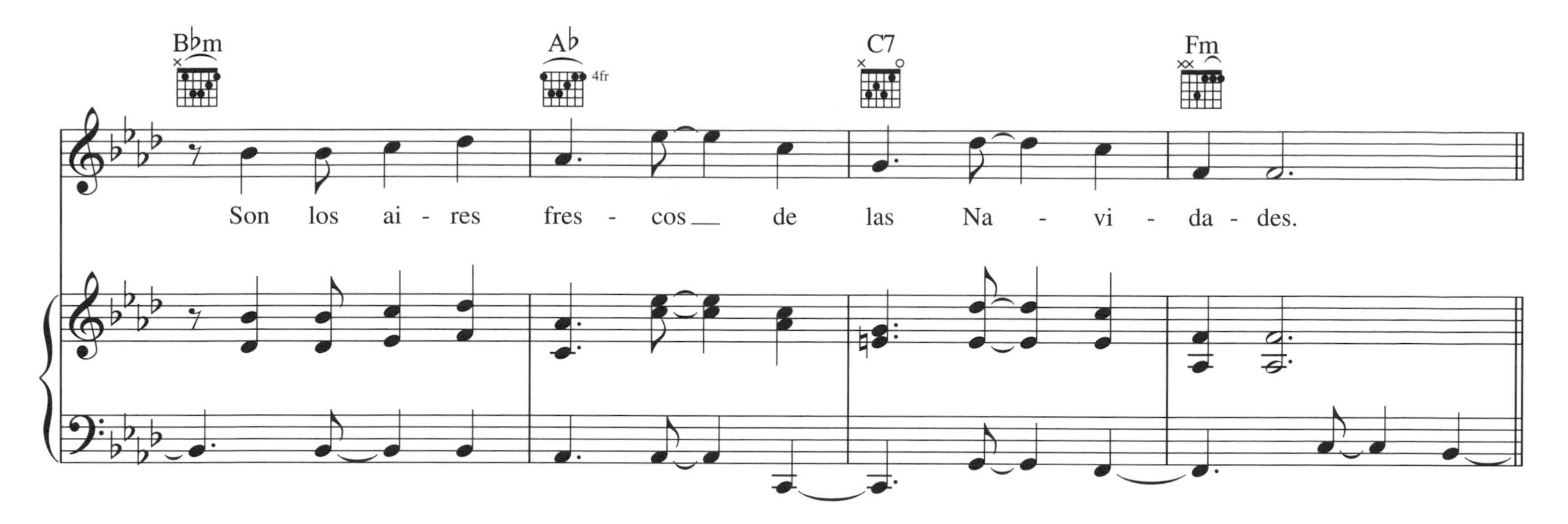
B♭m
A♭
4fr
C7
Fm
Son los ai - res fres - cos de las Na - vi - da - des.

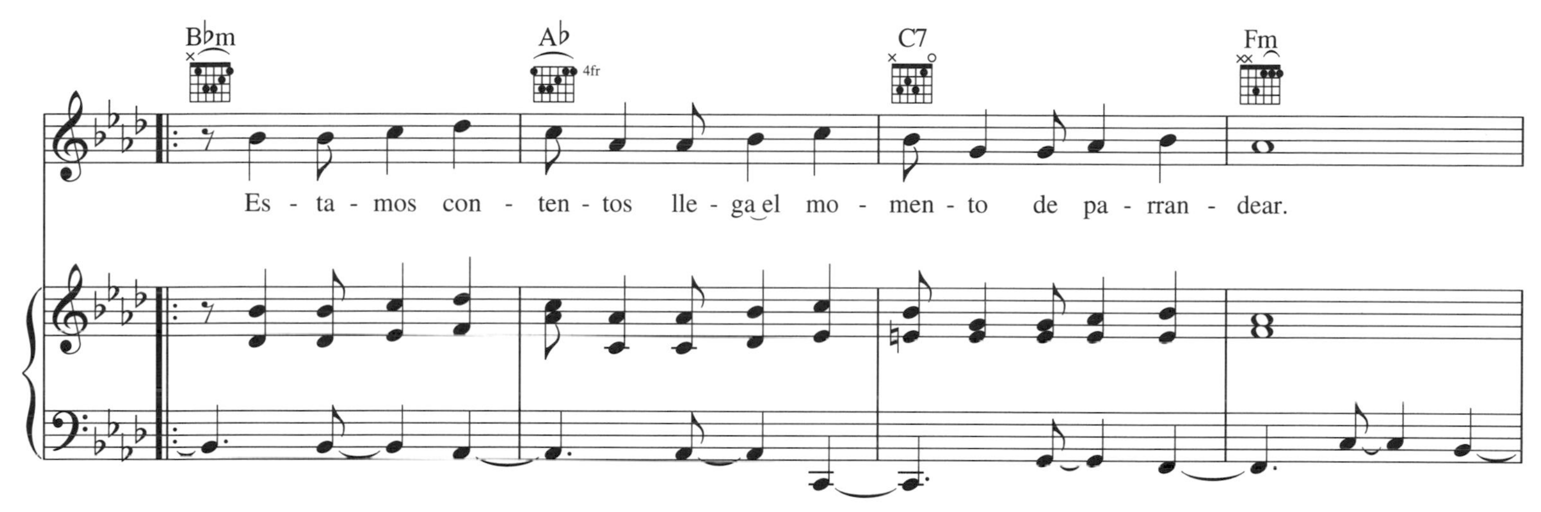
B♭m
A♭
4fr
C7
Fm
Es - ta - mos con - ten - tos lle - ga el mo - men - to de pa - rran - dear.

B♭m
A♭
4fr
C7
1
Fm
3
Son los ai - res fres - cos, los ai - res fres - cos de Na - vi - dad.

3

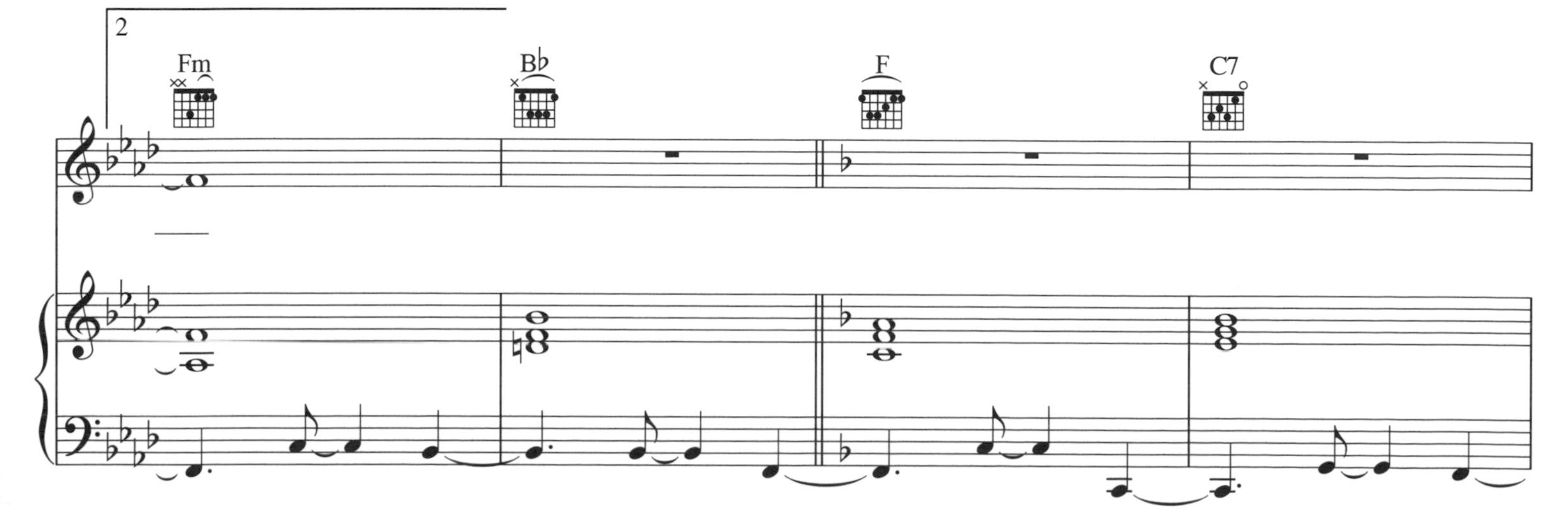
2
Fm
B♭
F
C7

F
B♭
F
C7

F
B♭
F
C7
U - na vez al a - ño po - de - mos go -

F
B♭
F
C7
zar, ol - vi - dar las pe - nas en la Na - vi -

F
B♭
F
C7
dad, ol - vi - dar las pe - nas en la Na - vi -

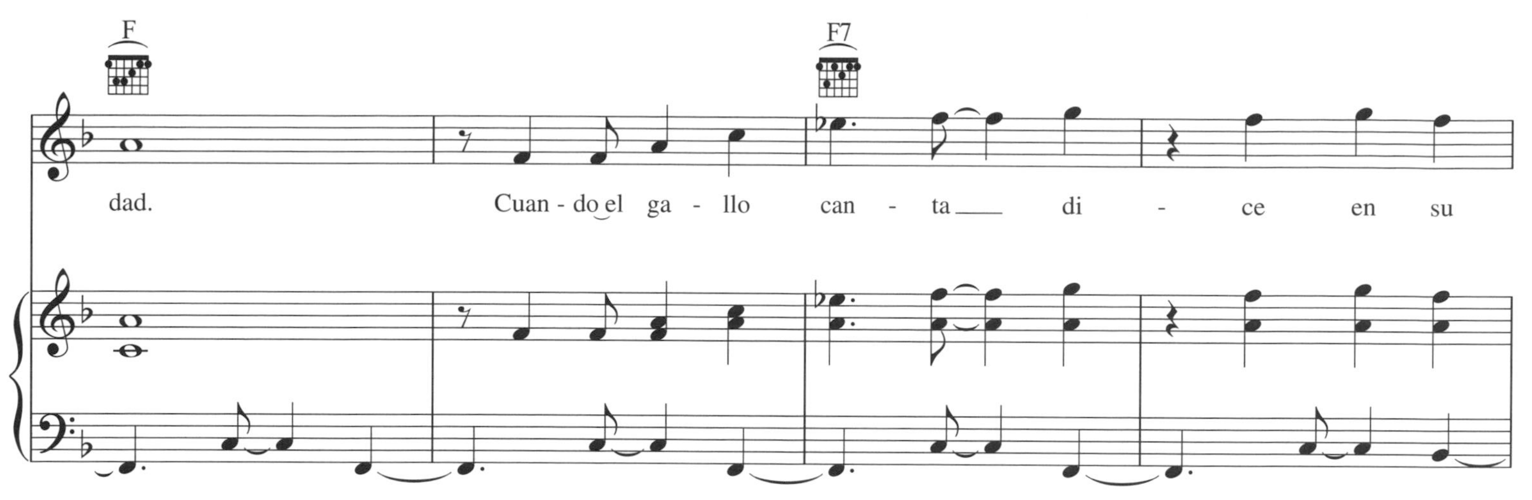
F
F7
dad. Cuan - do el ga - llo can - ta di - ce en su

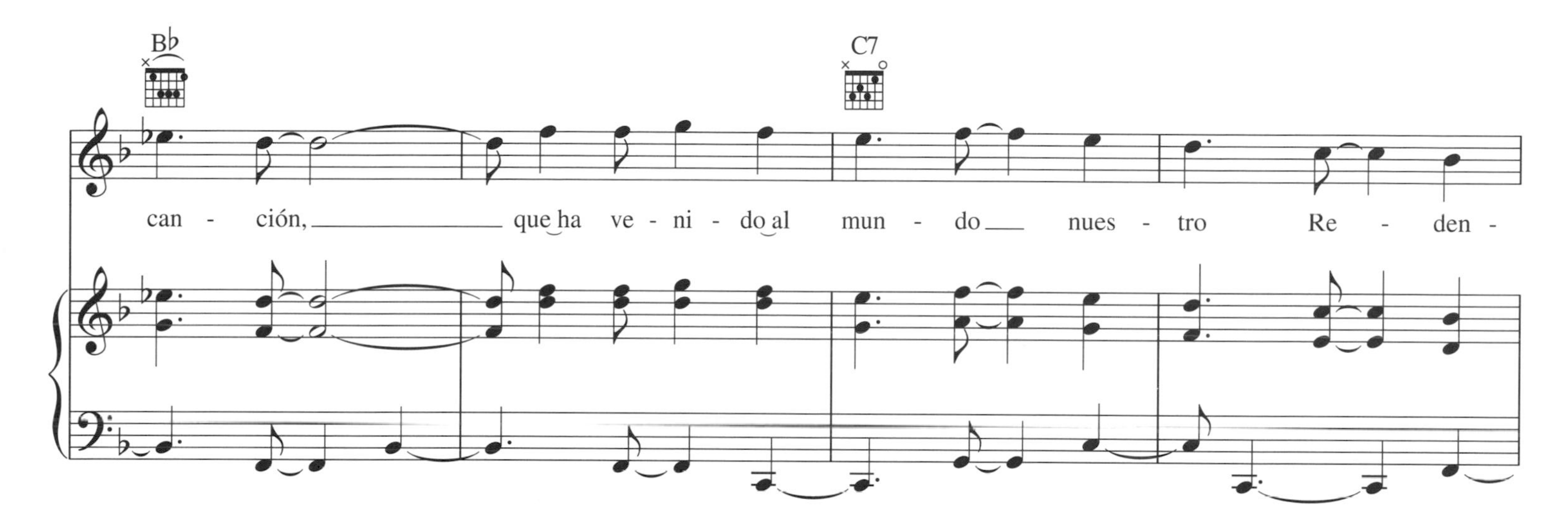
B♭
C7
can - ción, que ha ve - ni - do al mun - do nues - tro Re - den -

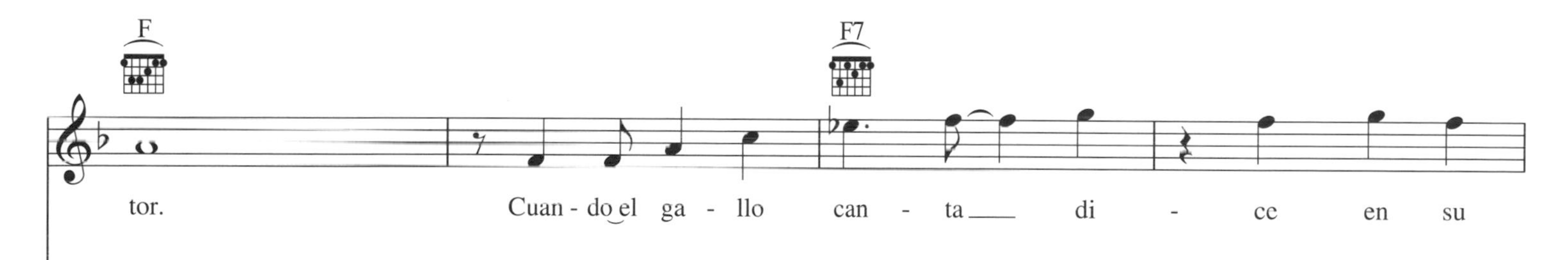
F
F7
tor. Cuan - do el ga - llo can - ta di - ce en su

B♭
C7
can - ción, que ha ve - ni - do al mun - do nues - tro Re - den -

F
B♭
F
C7
tor. U - na vez al a - ño po - de - mos go -

F
B♭
F
C7
zar. Ol - vi - dar las pe - nas en la Na - vi -

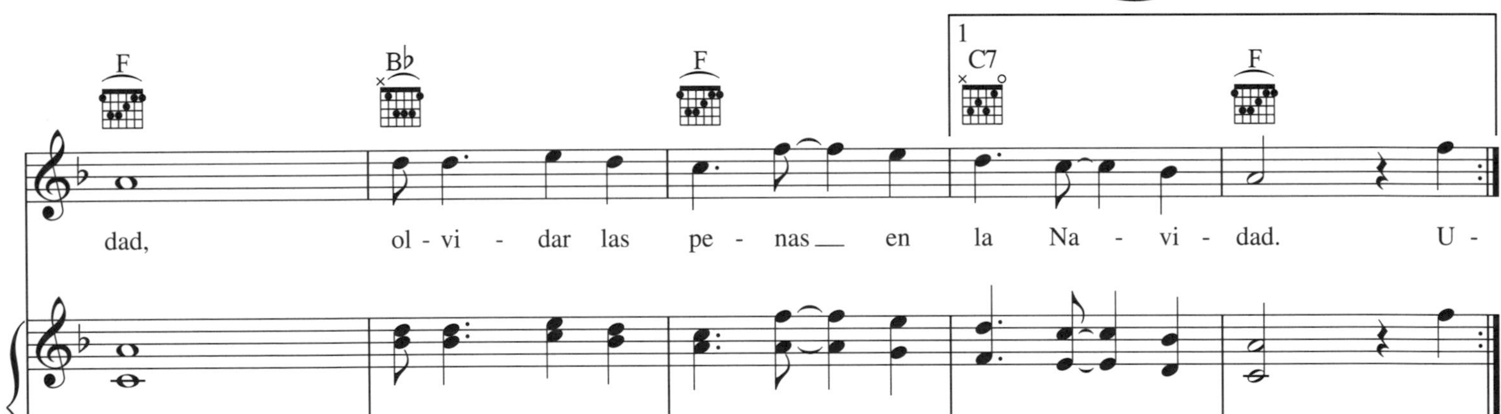
F
B♭
F
1
C7
F
dad, ol - vi - dar las pe - nas en la Na - vi - dad. U -

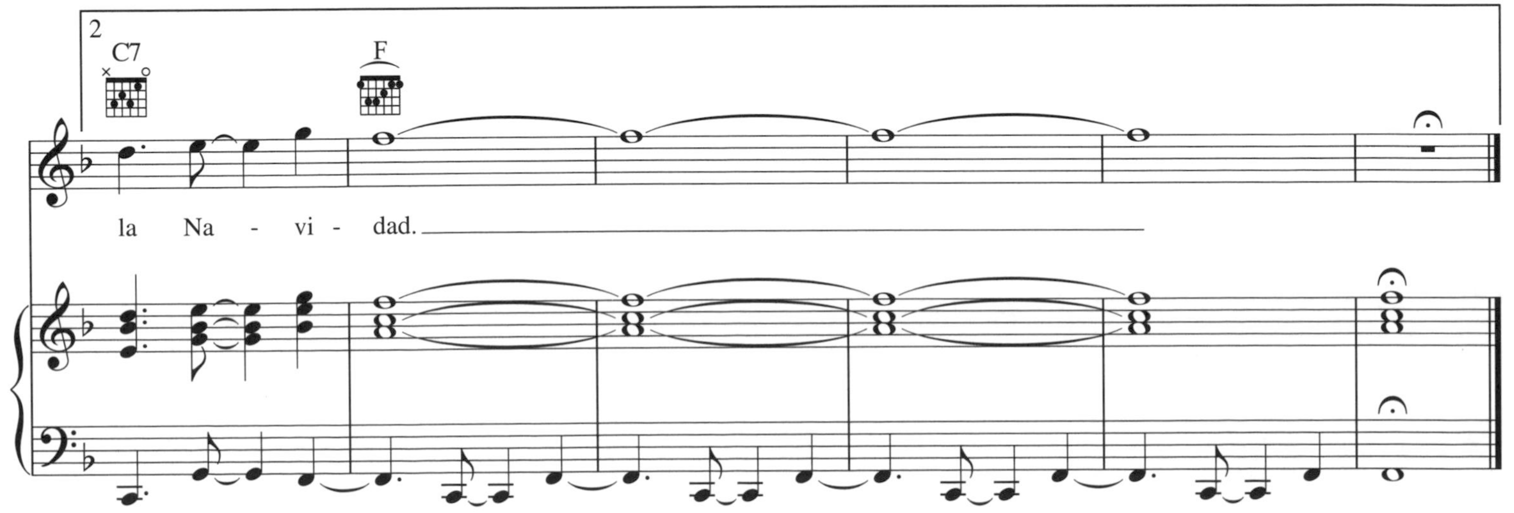
2
C7
F
la Na - vi - dad.

CAMPANA SOBRE CAMPANA

Traditional

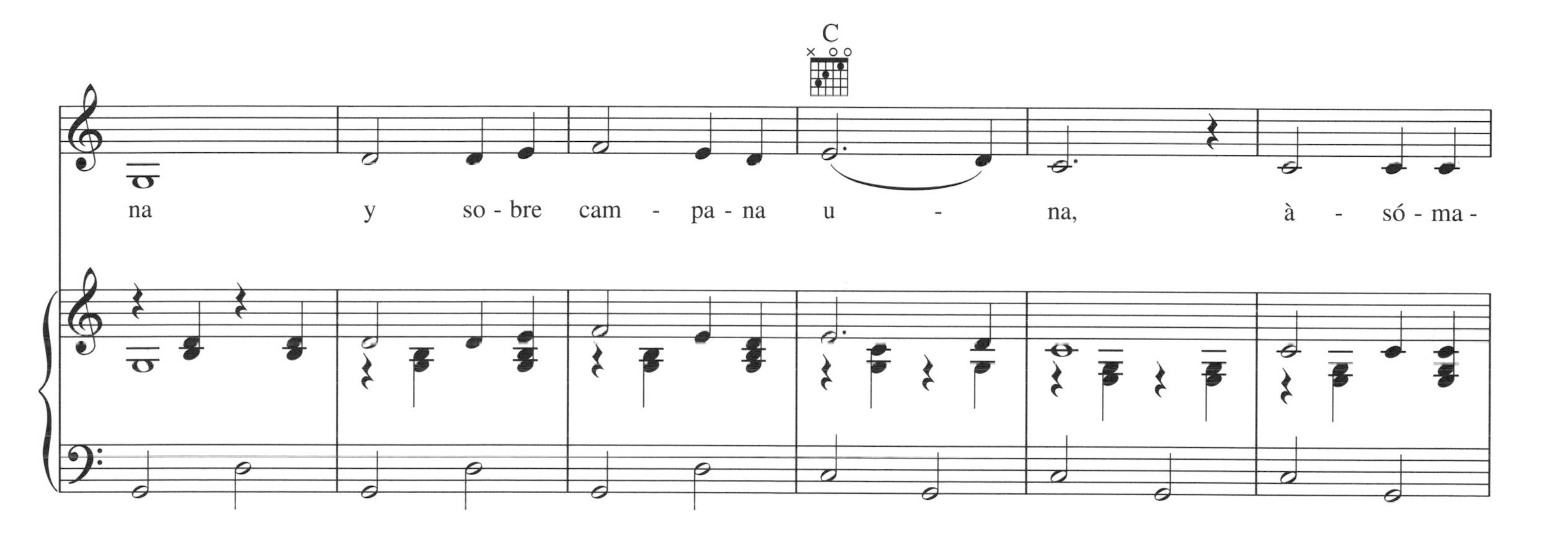

F C F C
na. Be - lén, cam - pa - nas de Be - lén, que los an - ge - les to - can que

G7 C F C
nue - vas me tra - eis. Be - lén, cam - pa - nas de Be - lén, que

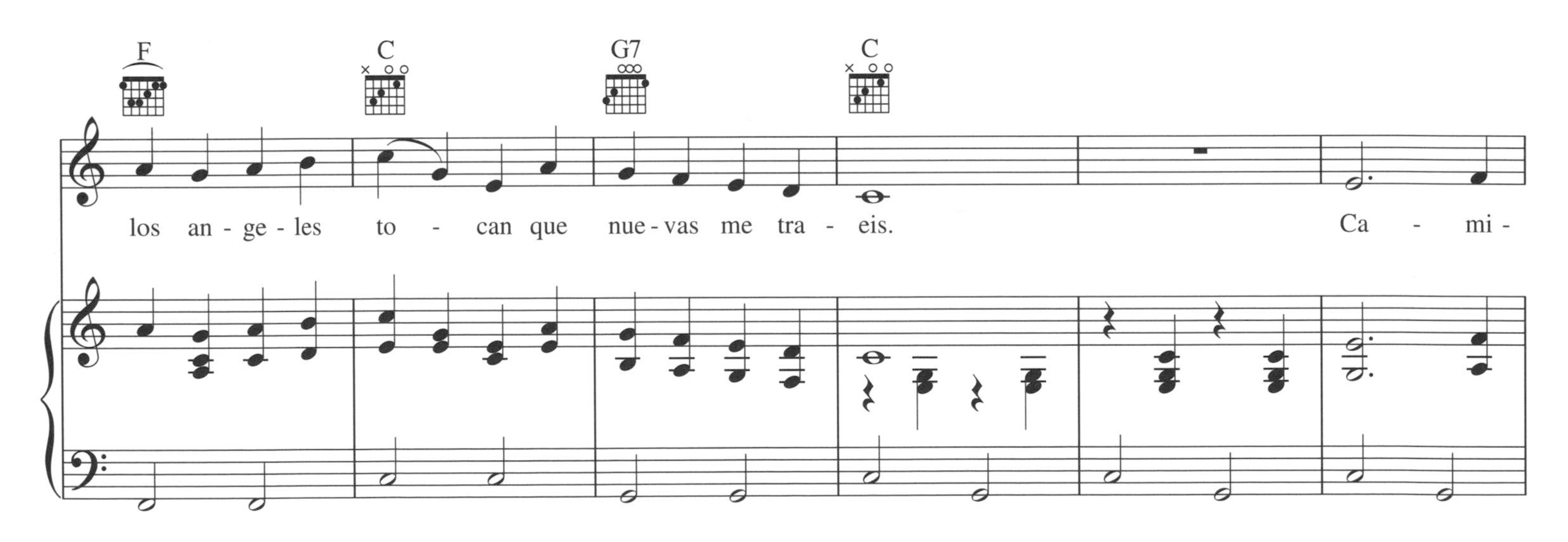
F C G7 C
los an - ge - les to - can que nue - vas me tra - eis. Ca - mi -

D7 G7 C
nan - do a me - dia no - che, ¿don - de ca mi - nas pas - tor?

D7
G7
Le lle - vo al ni - ño que na - ce co - mo Dios mi co - ra -

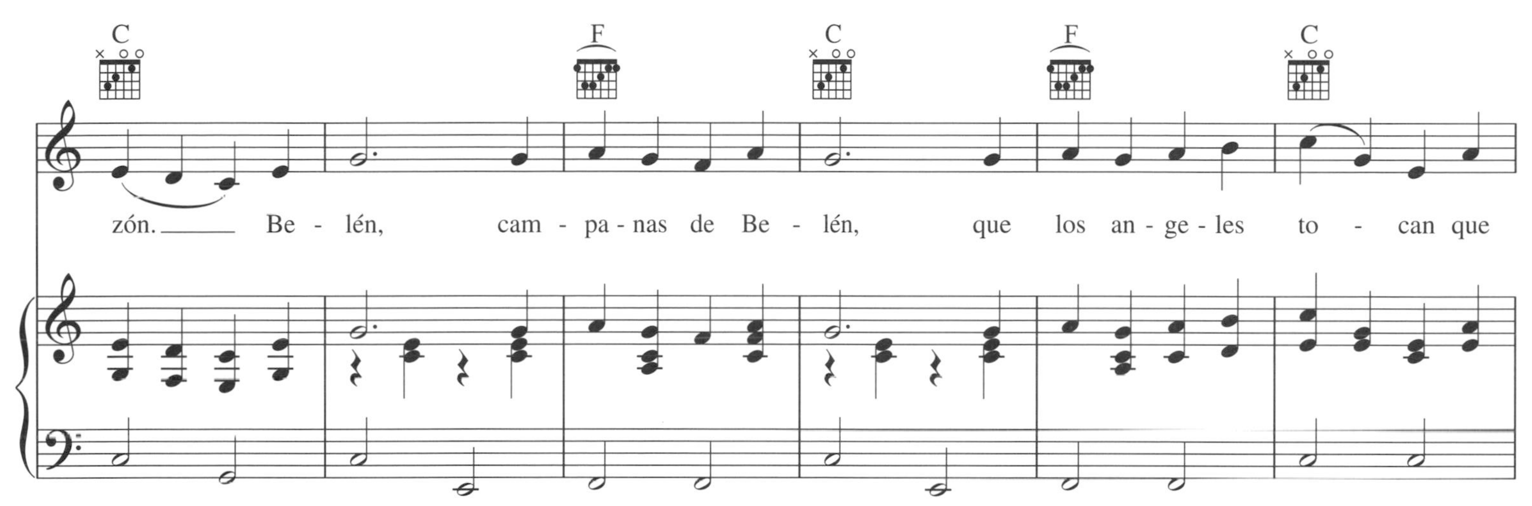
C
F
C
F
C
zón. Be - lén, cam - pa - nas de Be - lén, que los an - ge - les to - can que

G7
C
F
nue - vas me tra - eis. Be - lén, cam - pa - nas de Be -

C
F
C
G7
C

lén, que los an - ge - les to - can que nue - vas me tra - eis.

CUMBIA NAVIDEÑA

Words and Music by
ELIZARDO CAMPOS

E♭
3fr
la - ta.
ro - ta.
Que trai - ga su mi - ni fal - da con bo - tas a las ro -

B♭7
di - llas que en - se - ñe la pan - to - ri - lla por - que es lo que a mi me

E♭
3fr
B♭7
ma - ta. San - ta Claus, San - ta Claus, mán - da - me un - a mu - la -

E♭
3fr
B♭7
- ta. San - ta Claus, San - ta Claus, con bo - tas a las ro - di -

Eb
3fr
Bb7
- llas. San - ta Claus, San - ta Claus, qué trai - ga su mi - ni
fal - da. San - ta Claus, San - ta Claus, que en -
1
2
To Coda
D.S. al Coda
se - ñe la pan - to - ri - lla.
ri - lla. San - ta
CODA
ri - lla.

DIME NIÑO DE QUIEN ERES

Traditional

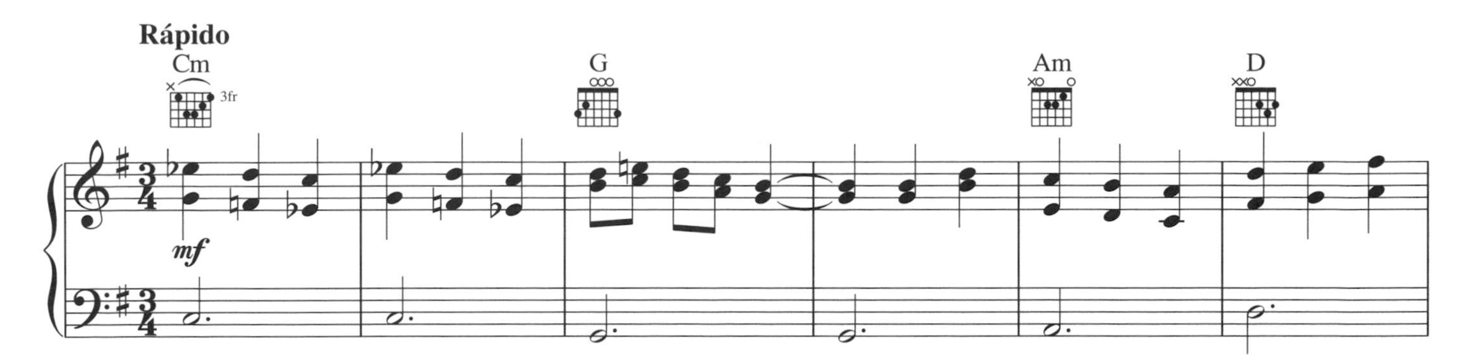

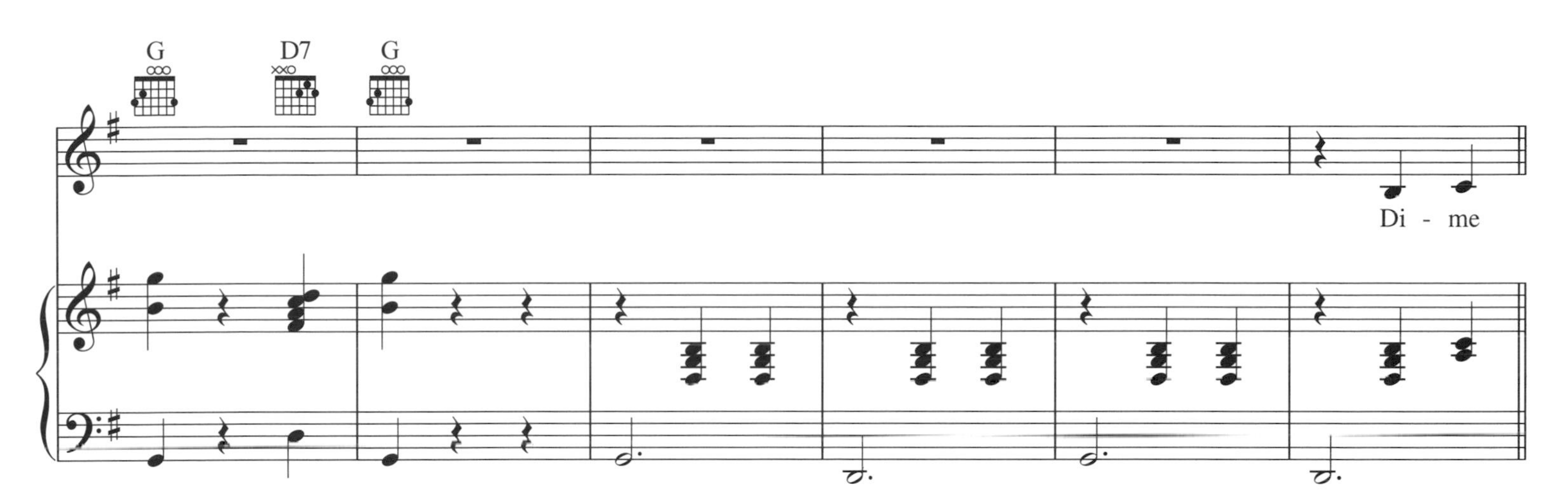

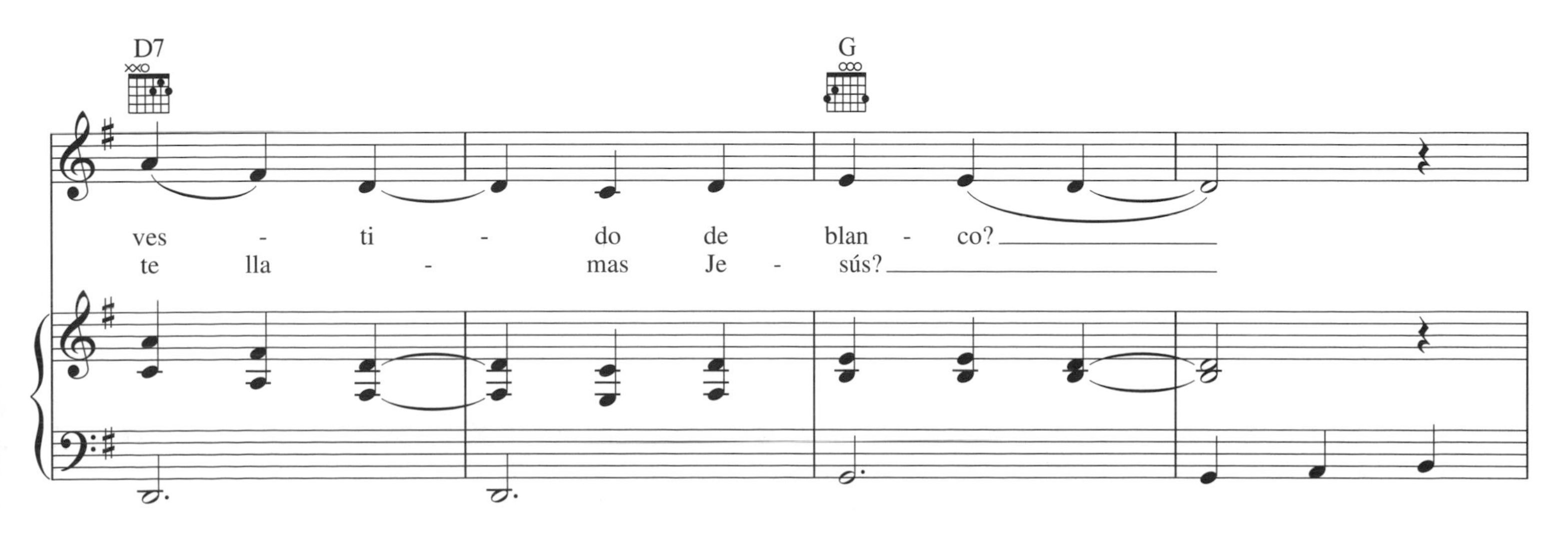

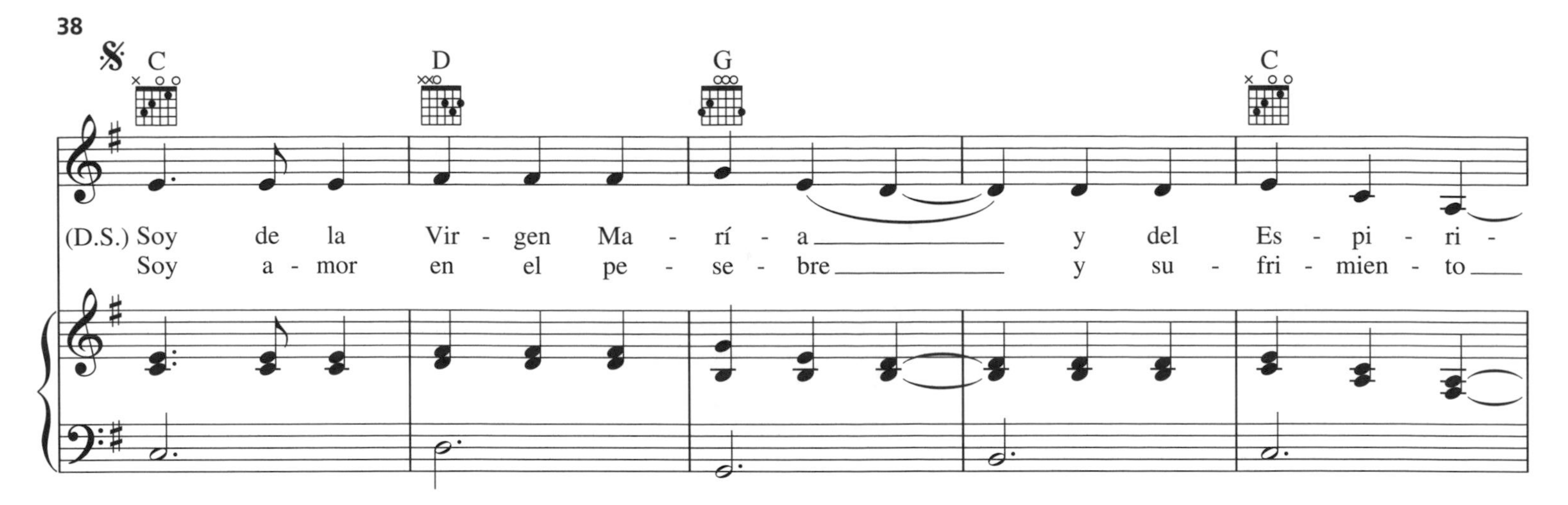
C
D
G
C
(D.S.) Soy de la Vir - gen Ma - rí - a y del Es - pi - ri -
Soy a - mor en el pe - se - bre y su - fri - mien - to

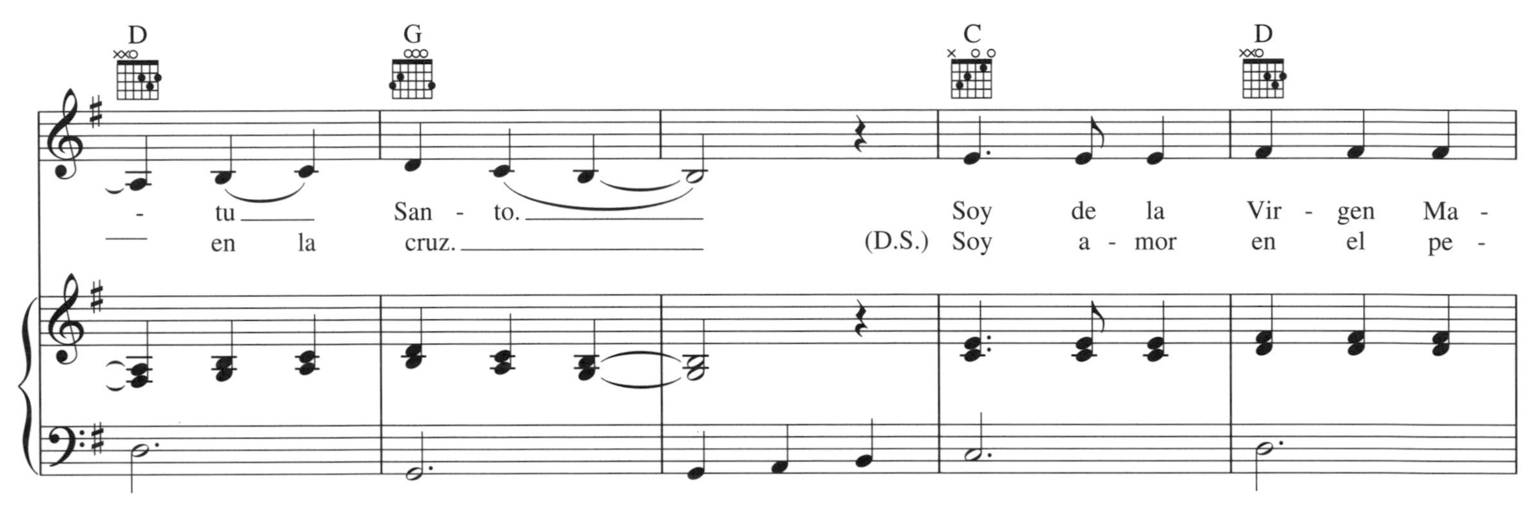
D
G
C
D
- tu San - to. Soy de la Vir - gen Ma -
en la cruz. (D.S.) Soy a - mor en el pe -

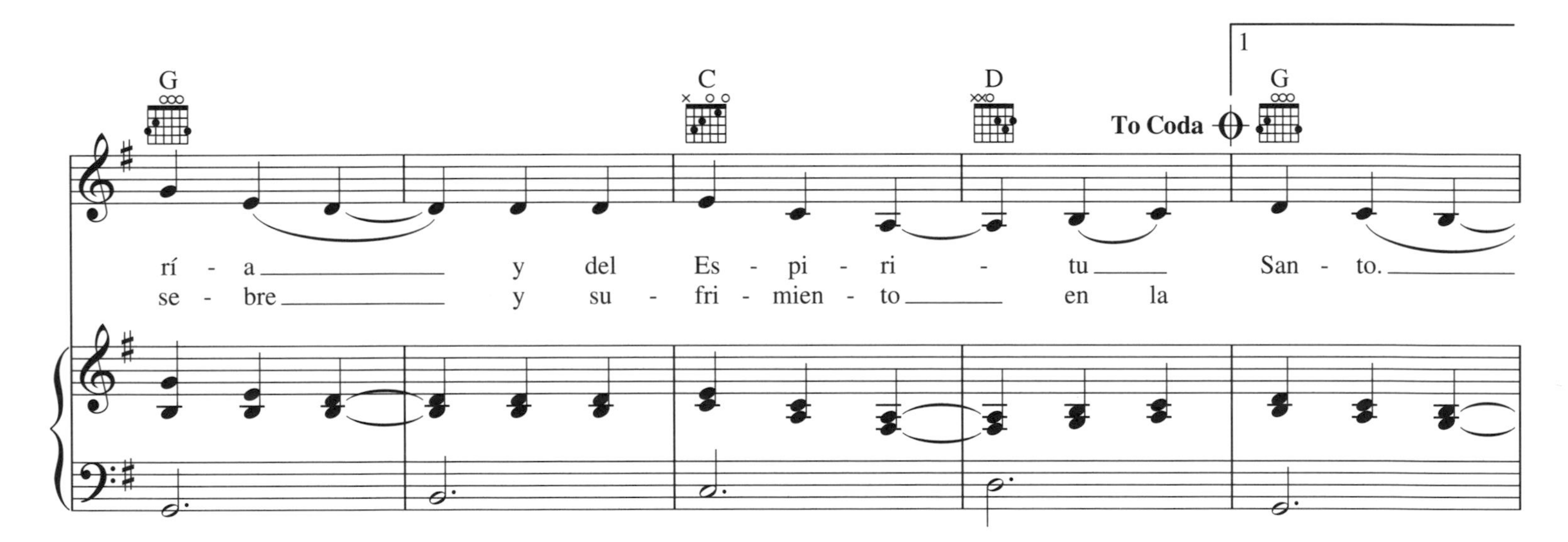
G
C
D
To Coda
1
G
rí - a y del Es - pi - ri - tu San - to.
se - bre y su - fri - mien - to en la

2
G
Di - me cruz. Re -

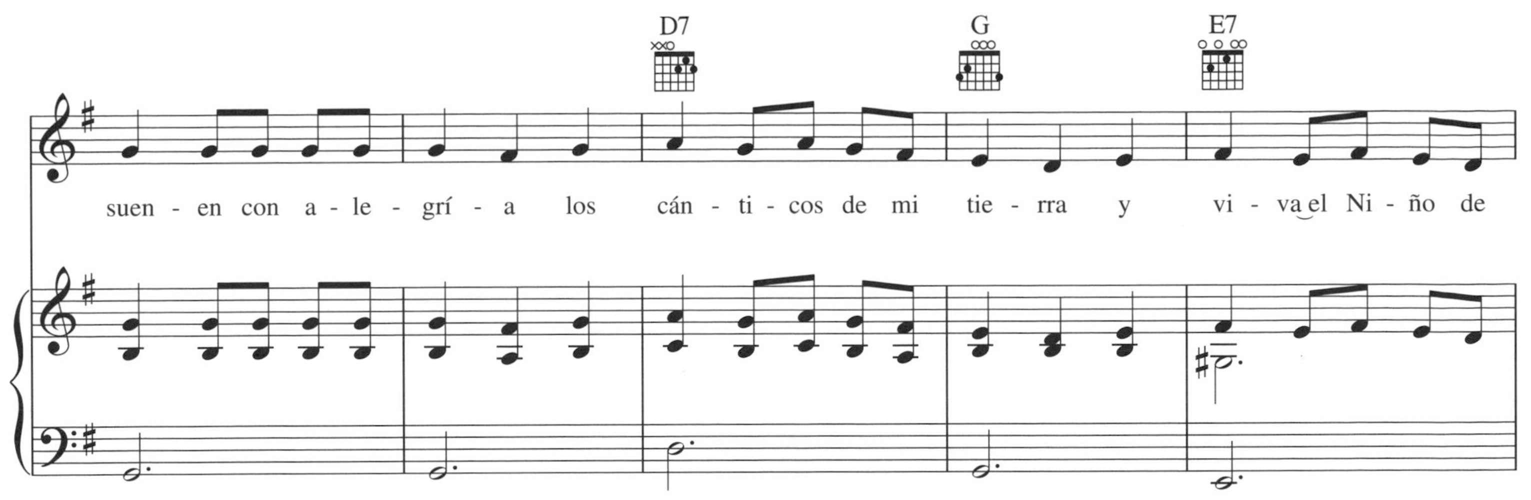
D7
G
E7
suen - en con a - le - grí - a los cán - ti - cos de mi tie - rra y vi - va el Ni - ño de

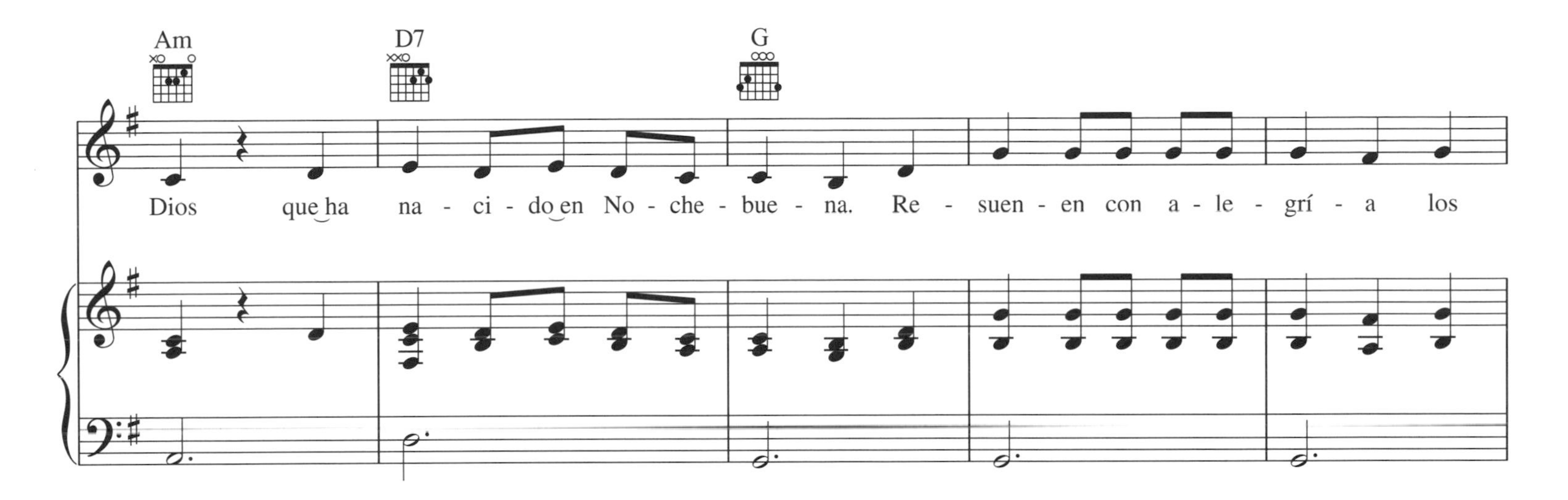
Am
D7
G
Dios que ha na - ci - do en No - che - bue - na. Re - suen - en con a - le - grí - a los

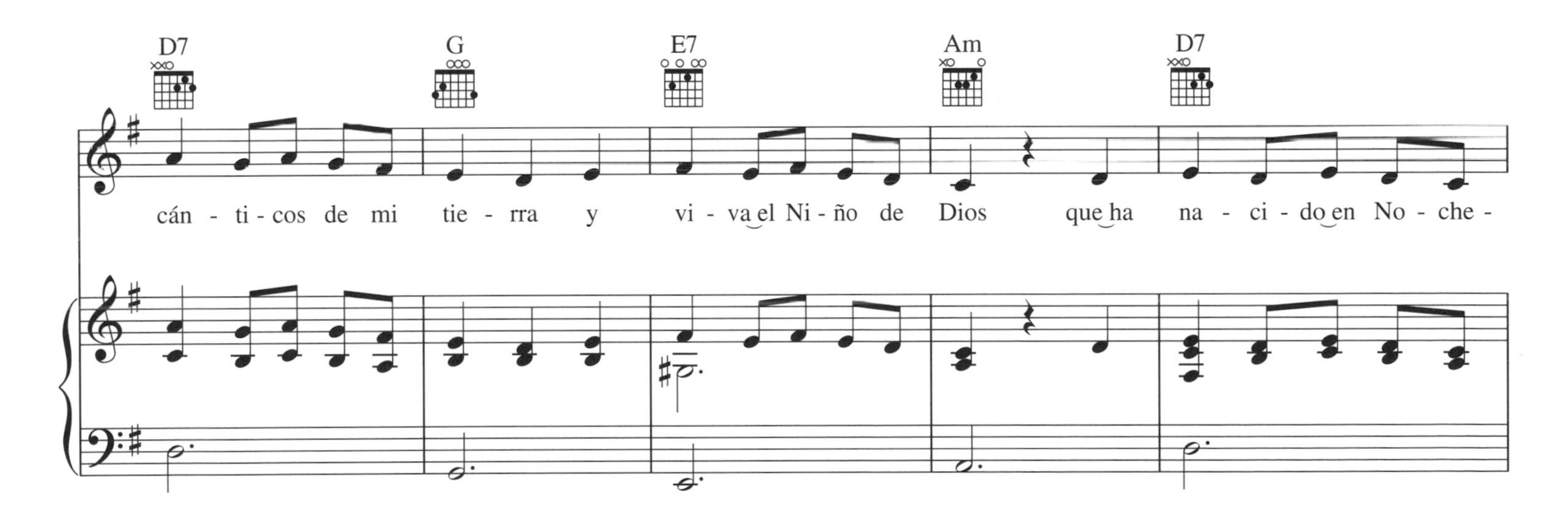
D7
G
E7
Am
D7
cán - ti - cos de mi tie - rra y vi - va el Ni - ño de Dios que ha na - ci - do en No - che -

G
D.S. al Coda
bue - na.

CODA
G
Em
A
cruz.
La No - che - bue - na se vie -

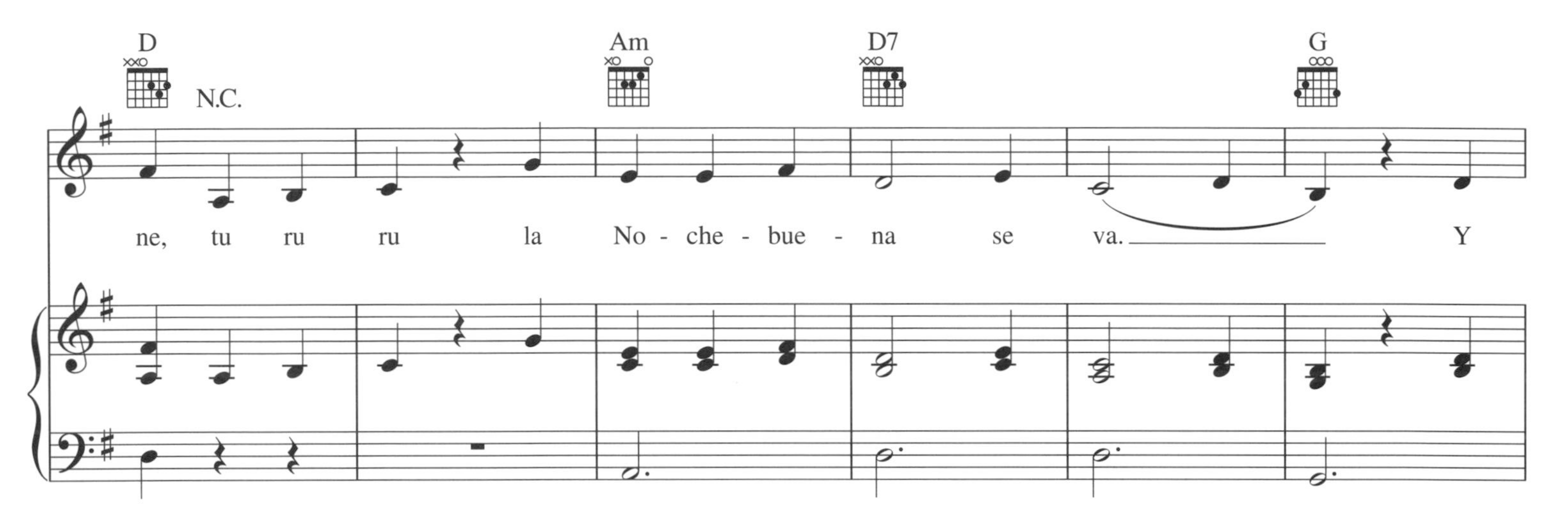
D
N.C.
Am
D7
G
ne, tu ru ru la No - che - bue - na se va. Y

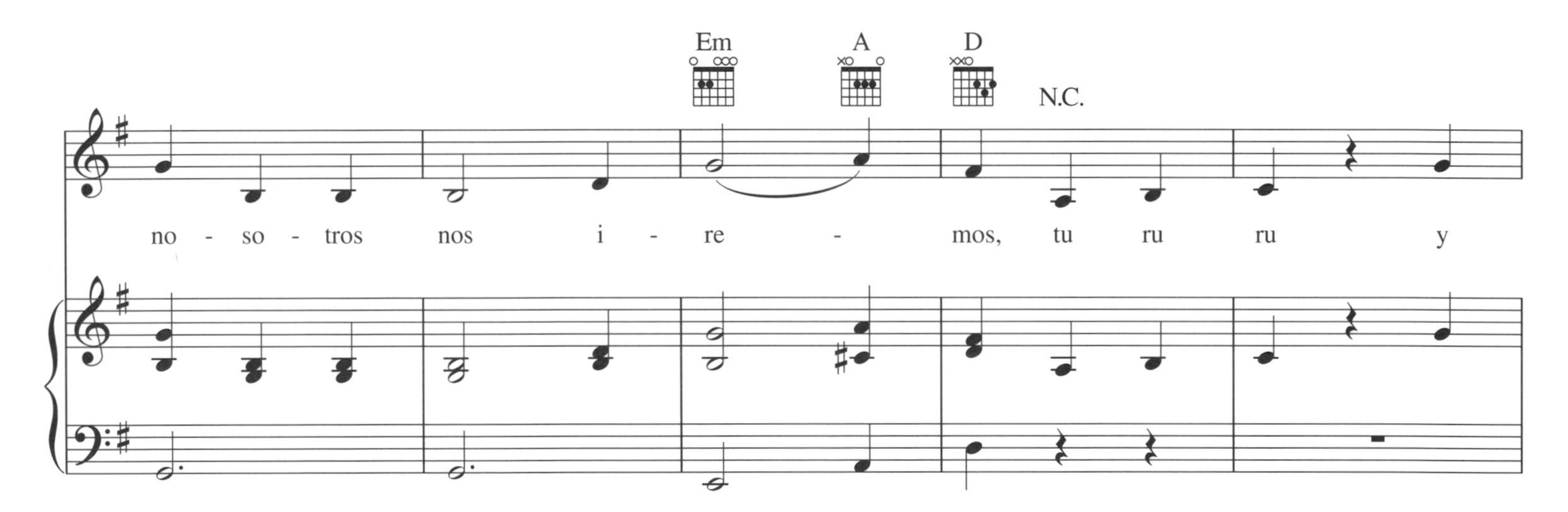
Em
A
D
N.C.
no - so - tros nos i - re - mos, tu ru ru y

Am
D7
G
no vol - ve - re - mos más.

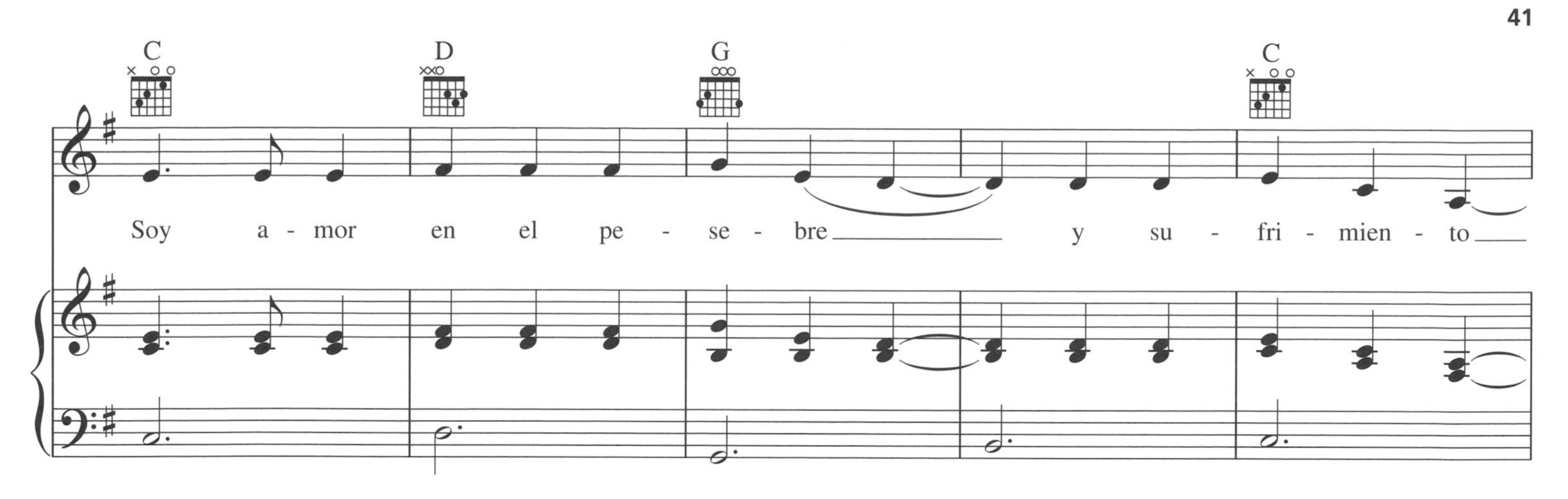
C D G C
Soy a - mor en el pe - se - bre y su - fri - mien - to

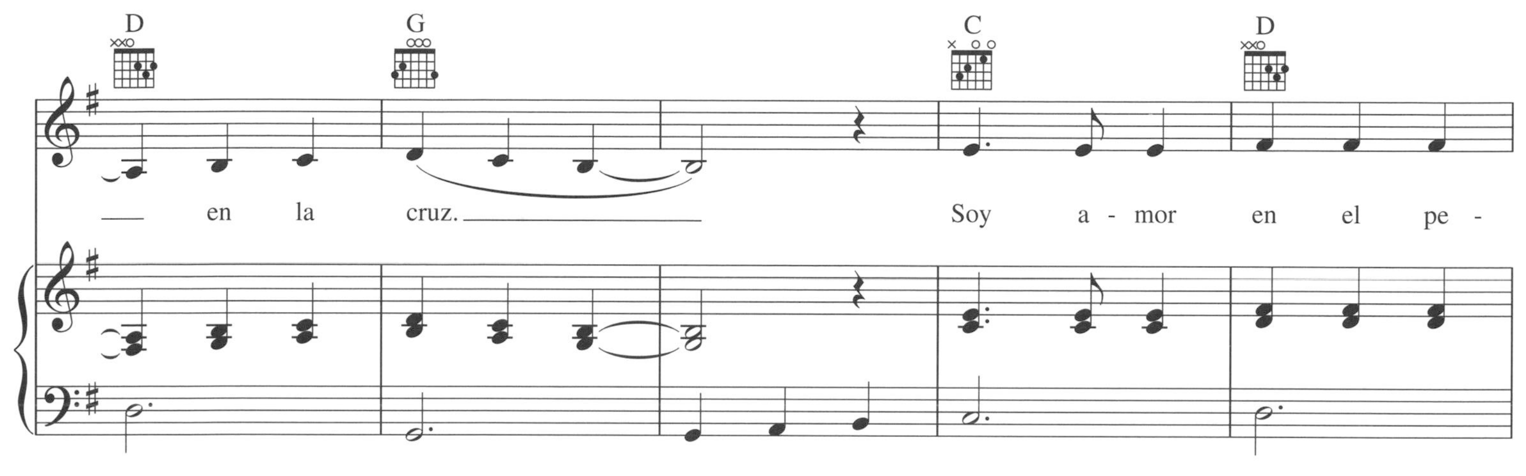
D G C D
en la cruz. Soy a - mor en el pe -

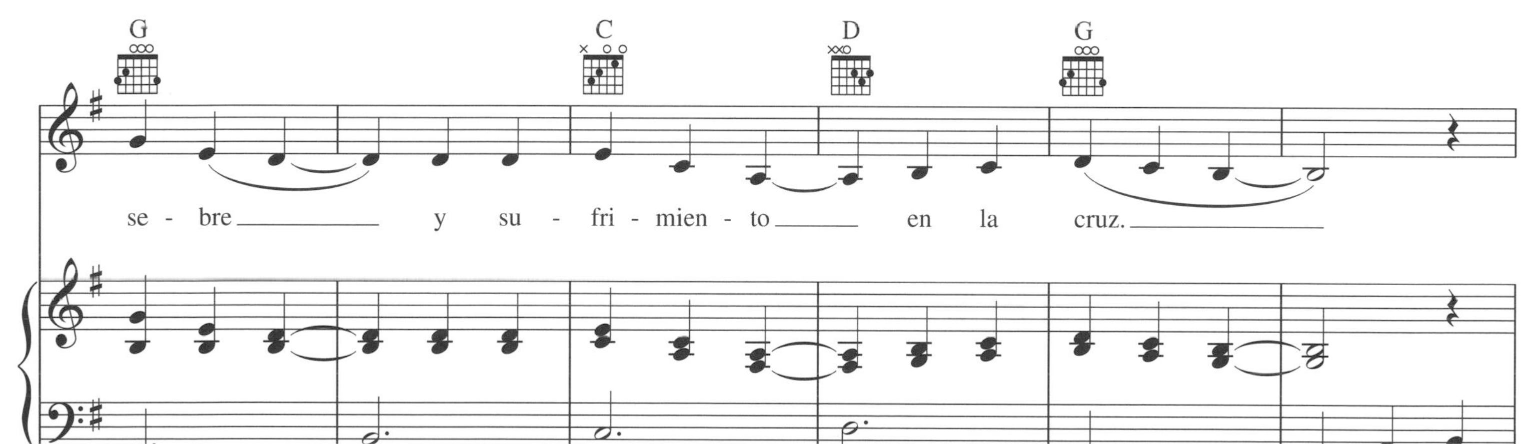
G C D G
se - bre y su - fri - mien - to en la cruz.

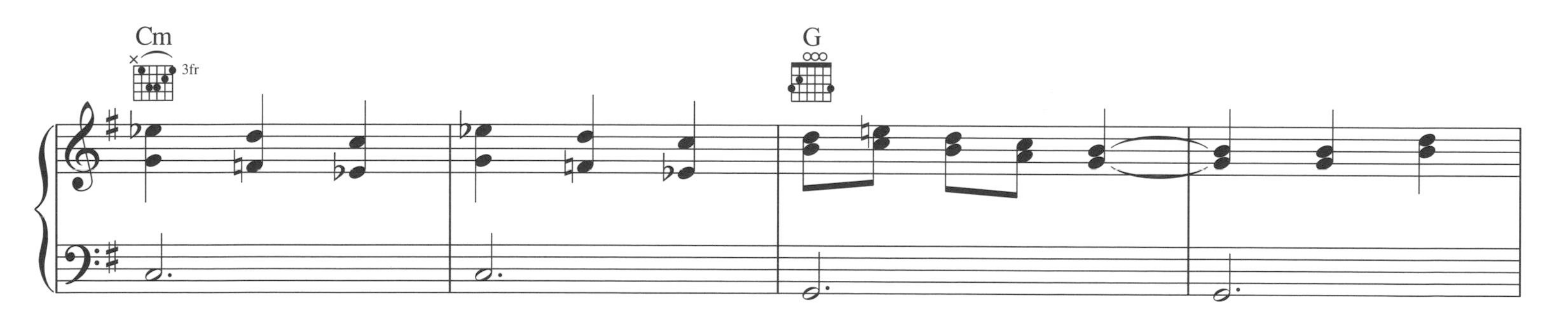
Cm
3fr
G

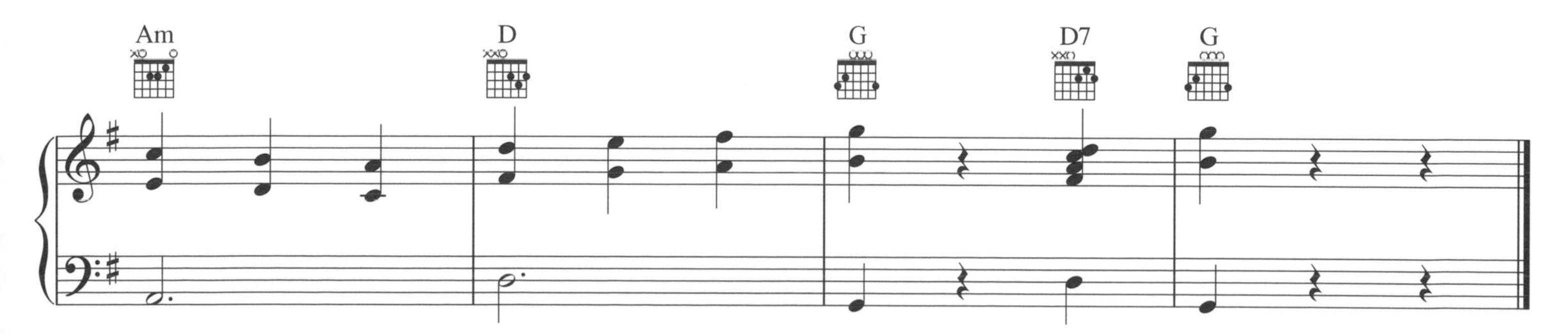
Am D G D7 G

EL BRUJO DE ARJONA

Words and Music by
GUILLERMO BUITRAGO

Moderado-Rápido

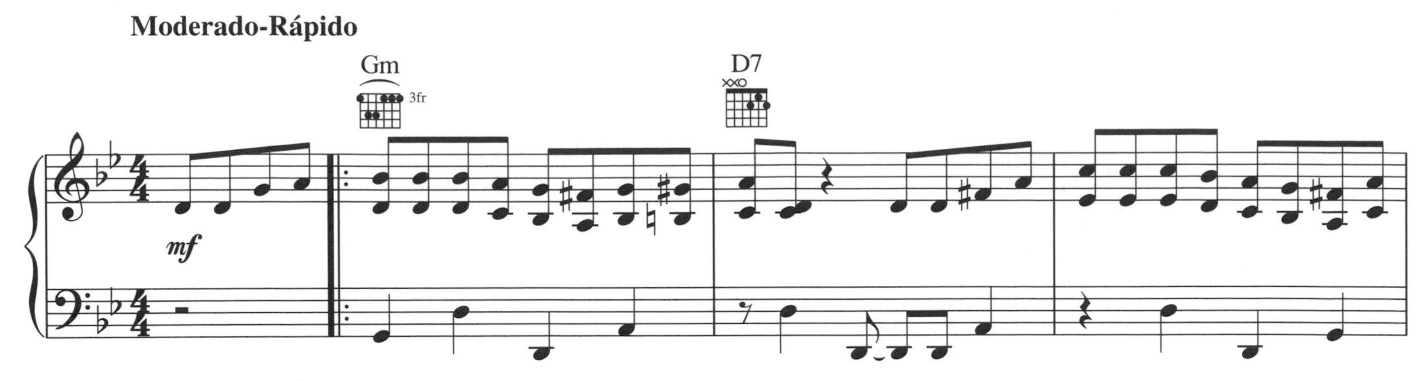

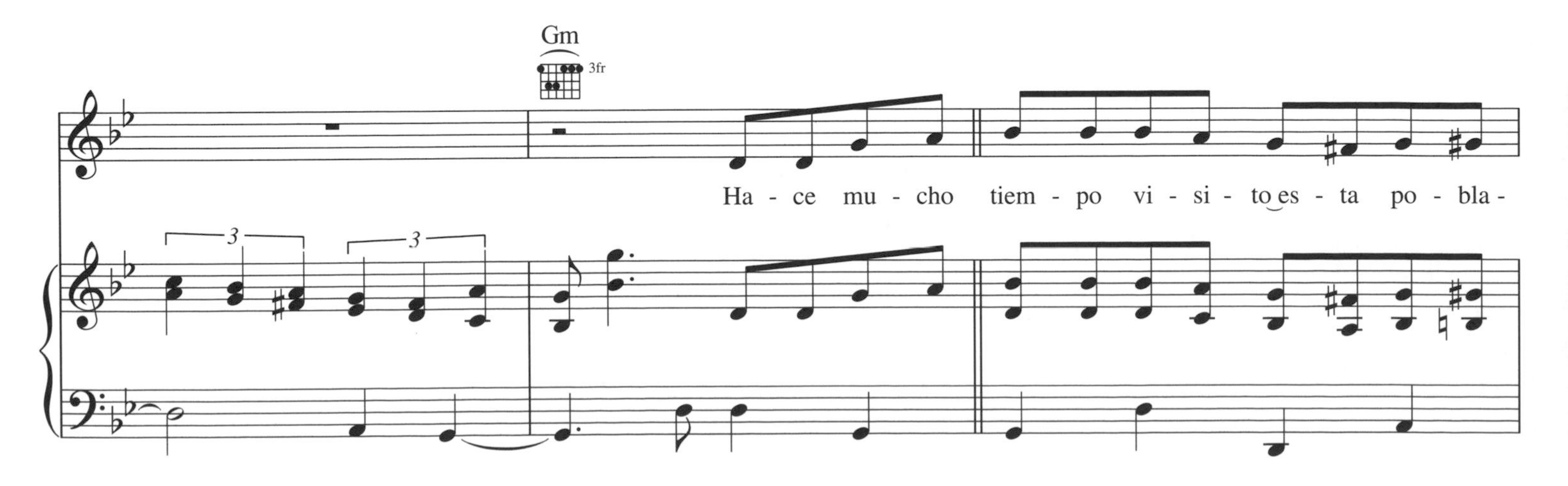

D7
Gm
3fr
ción un pro - fe - ta lo - co que lo lla - ma - ban en - via - do. Ha - ce mu - cho

D7
tiem - po vi - si - to es - ta po - bla - ción un pro - fe - ta lo - co que lo lla - ma - ban en -

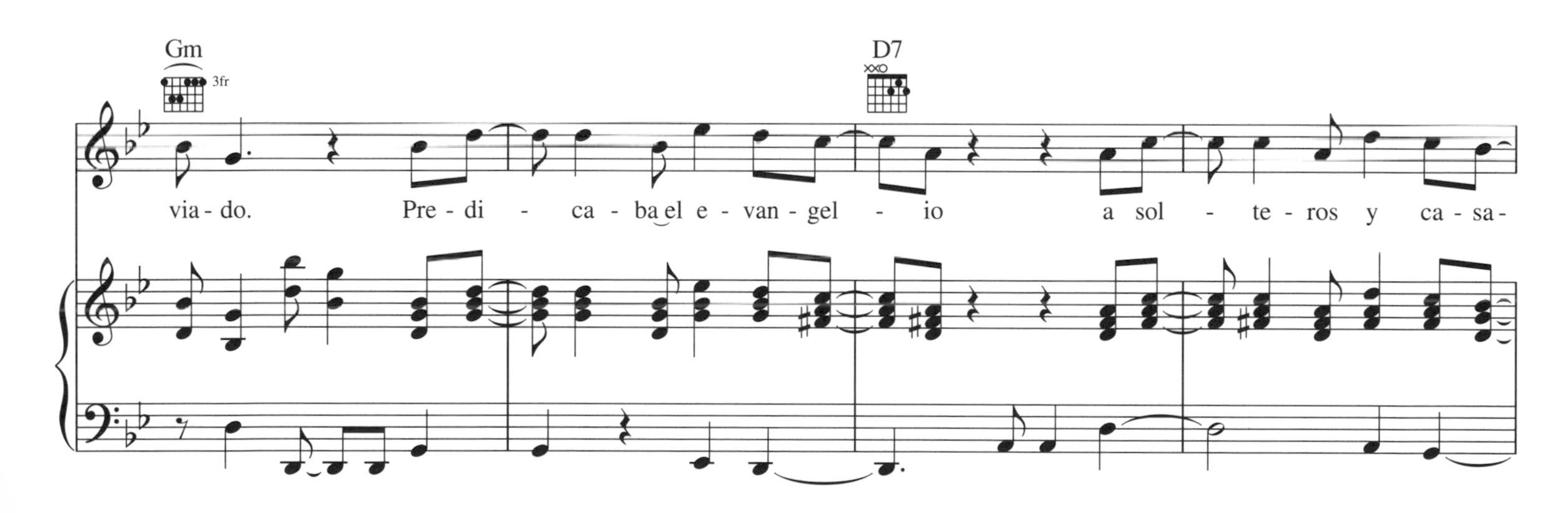
Gm
3fr
D7
via - do. Pre - di - ca - ba el e - van - gel - io a sol - te - ros y ca - sa -

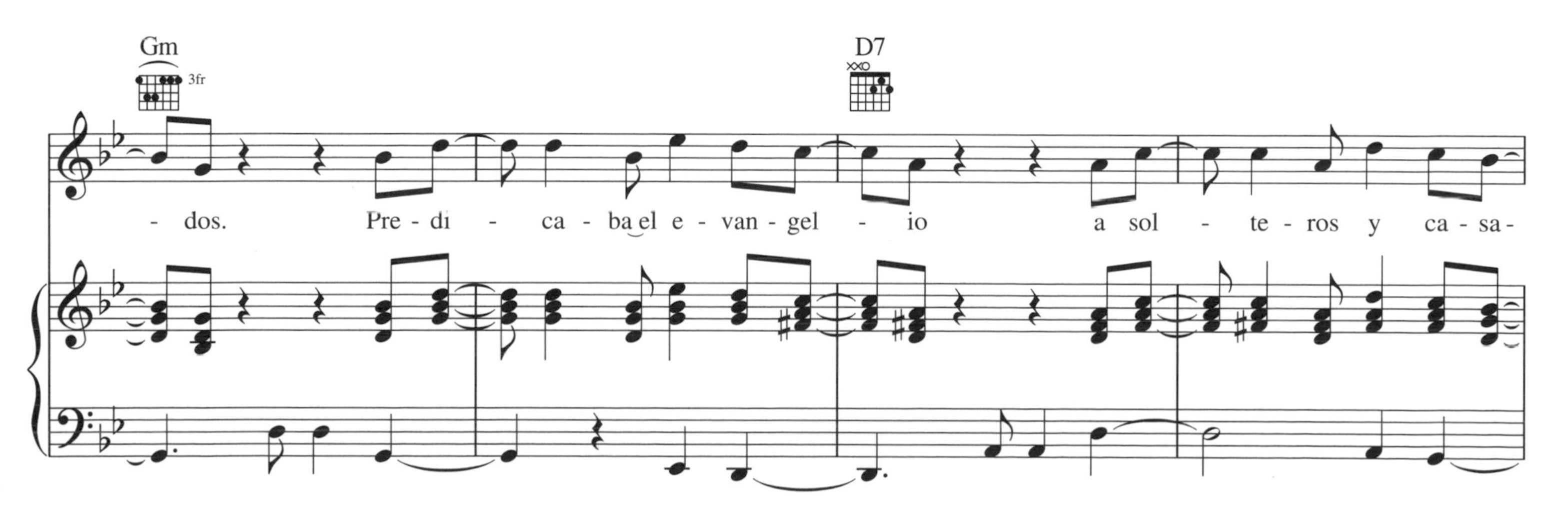
Gm
3fr
D7
- dos. Pre - di - ca - ba el e - van - gel - io a sol - te - ros y ca - sa -

Gm
3fr
D7
- dos. Qué duer - ma la tu - ya qué dur - ma la mí - a está dis - pues - to he en - via -

Gm
3fr
D7
- do. Qué duer - ma la tu - ya qué dur - ma la mí - a está dis - pues - to por he en - via -

Gm
3fr
D7
- do. Qué duer - ma la tu - ya qué dur - ma la mí - a es - tá dis - pues - to por el en - via -

Gm
3fr
D7
To Coda
- do. Qué duer - ma la tu - ya qué dur - ma la mí - a es - tá dis - pues - to por el en - via -

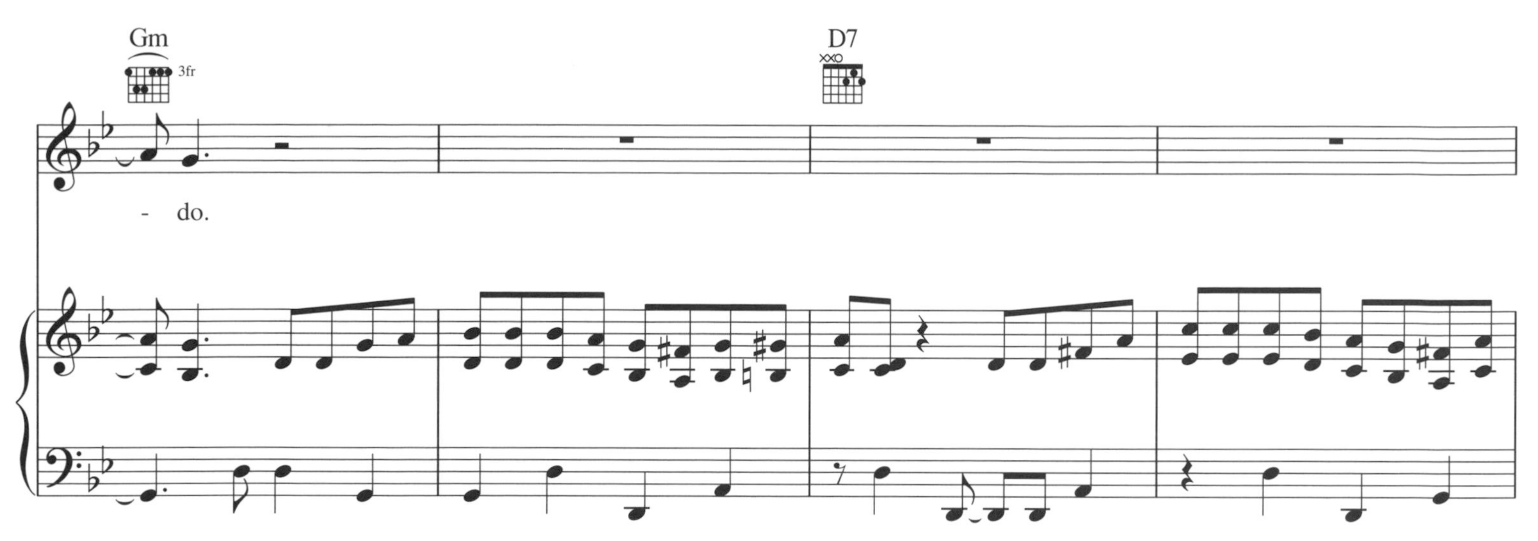
Gm
3fr
D7
- do.

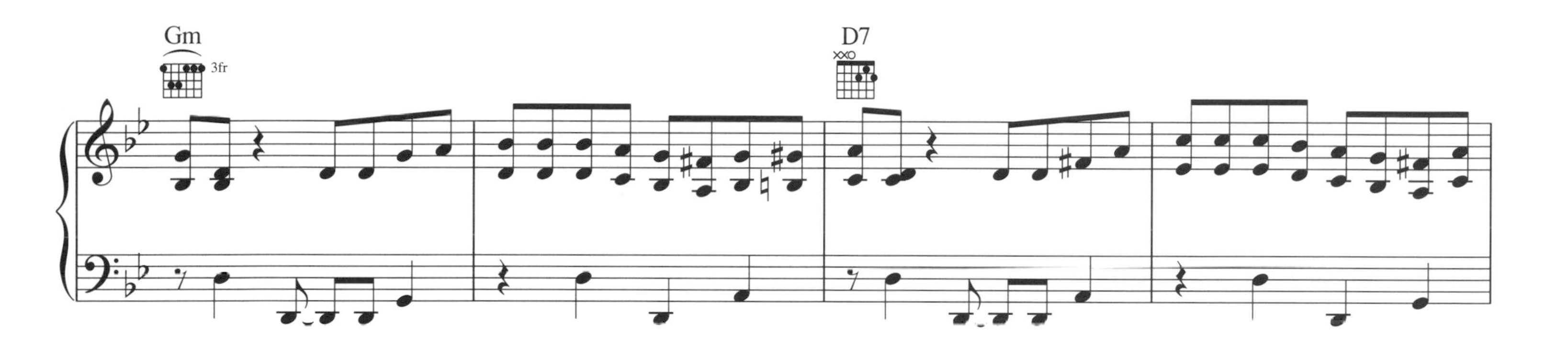
Gm
3fr
D7

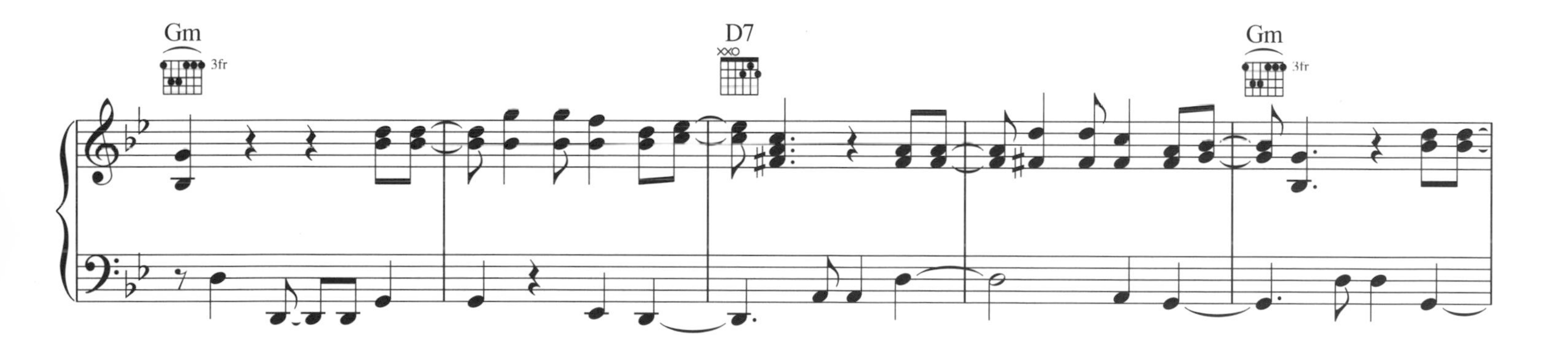
Gm
3fr
D7
Gm
3fr

D7
Gm
3fr
Mu - chos se a-cer-

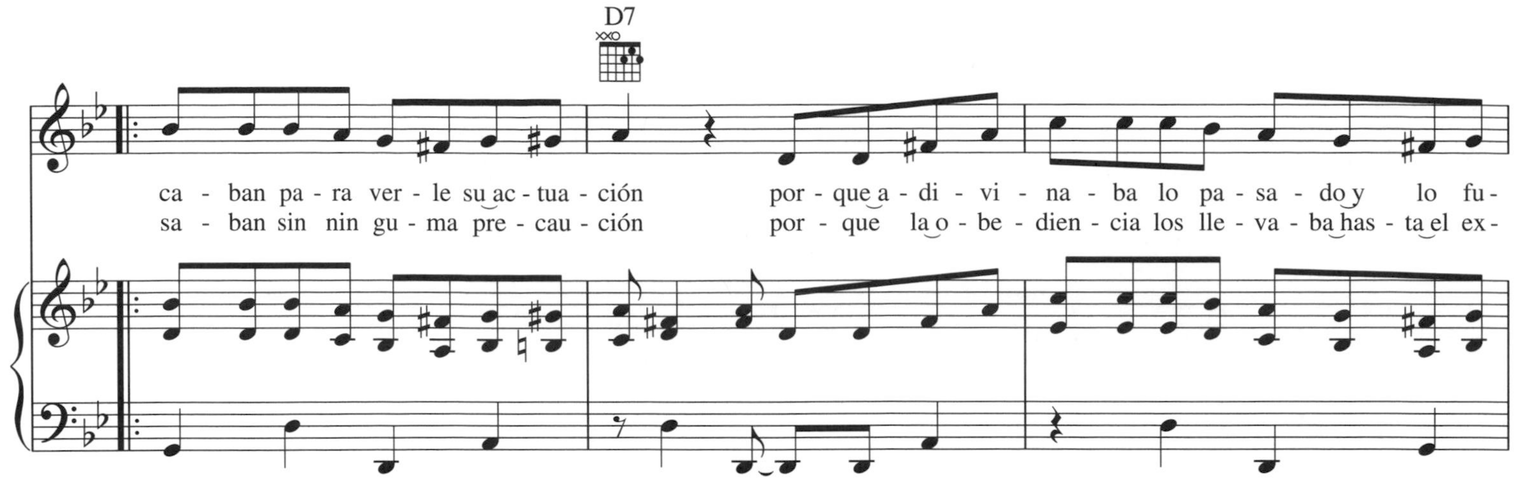
D7
ca - ban pa - ra ver - le su ac - tua - ción por - que a - di - vi - na - ba lo pa - sa - do y lo fu -
sa - ban sin nin gu - ma pre - cau - ción por - que la o - be - dien - cia los lle - va - ba has - ta el ex -

Gm
3fr
D7
tu - ro. Mu - chos se a - cer - ca - ban pa - ra ver - le su ac - tua - ción por - que a - di - vi -
tre - mo. Mu - chos se ca - sa - ron sin nin gu - ma pre - cau - ción por - que la o - be -

Gm
3fr
na - ba lo pa - sa do y lo fu - tu - ro. Con pa - ños y cruz de o - li -
dien - cia los lle - va-ba has ta el ex - tre - mo. Ni ca - sa - dos ni sol - te -

D7
Gm
3fr
- vo tam - bién cu - ra - ba es - te bru - jo. Con pa - ños y cruz de o - li -
- ros que - da - ron con pro - tec - ción. Ni ca - sa - dos ni sol - te -

D7
1
Gm
3fr
2
Gm
3fr
D.S. al Coda
- vo tam - bién cu - ra - ba este bru - jo. Mu-chos se ca -
- ros que - da - ron con pro - tec ción. Que duer - ma la tu -

CODA
Gm
3fr
D7
- do.

Gm
3fr

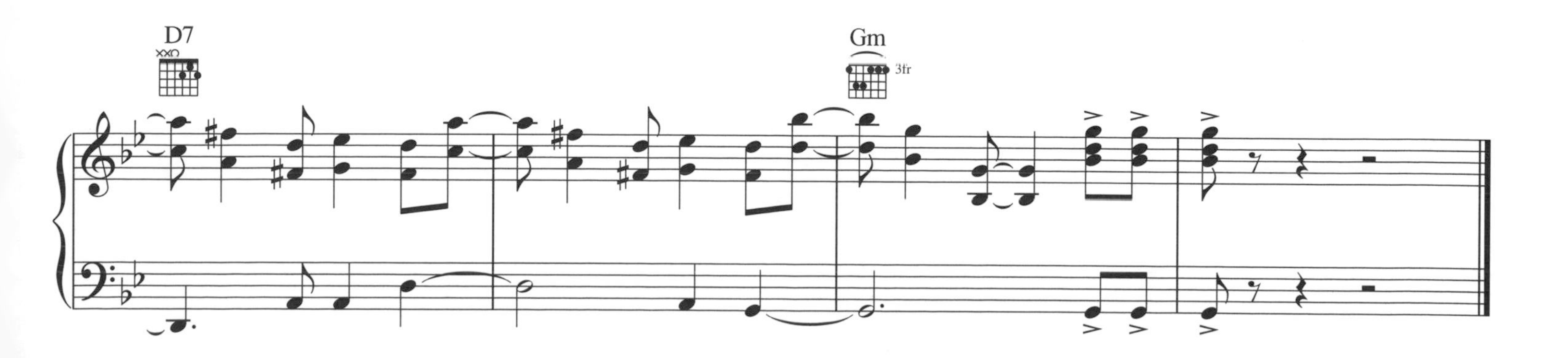
D7
Gm
3fr

EL CHA CHA CHÁ DE LA NAVIDAD

Words and Music by BOBBY COLLAZO, OSVALDO ESTIVIL and JULIO GUTIÉRREZ

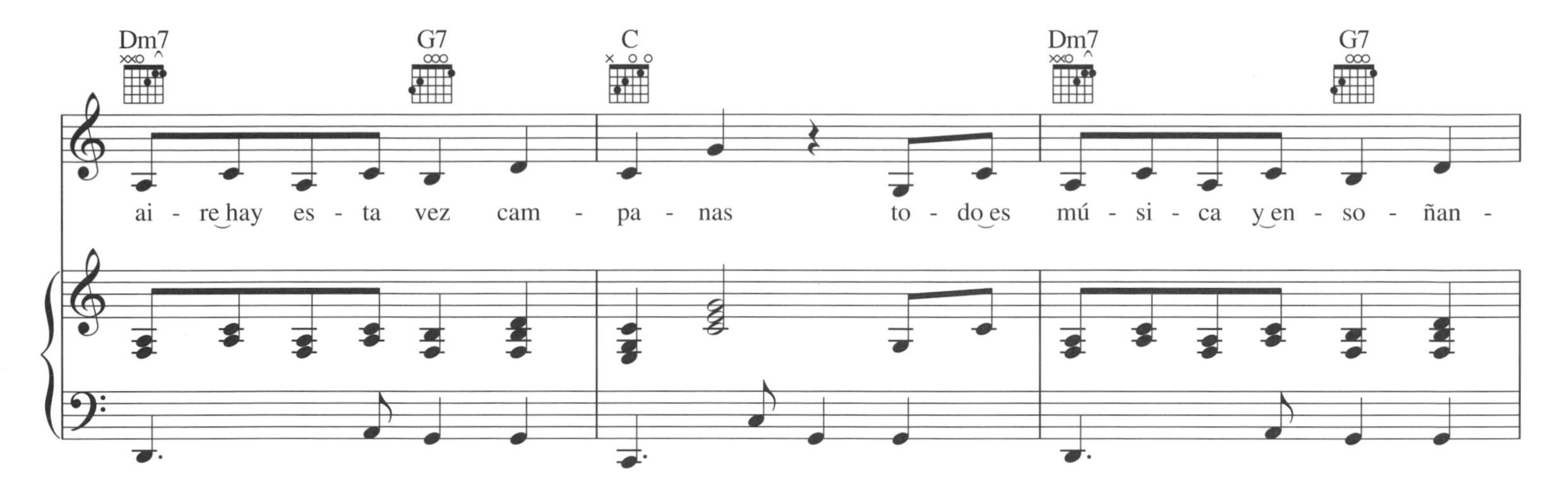
Dm7 G7 C Dm7 G7
ai - re hay es - ta vez cam - pa - nas to - do es mú - si - ca y en - so - ñan -

C B7 Em
ción. Por qual - qui - cr de tus in - ten - cio - nes que re -

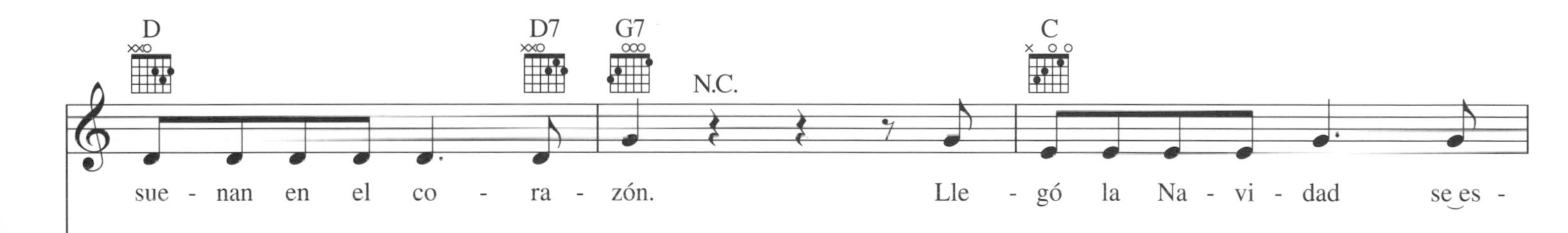
D D7 G7 N.C. C
sue - nan en el co - ra - zón. Lle - gó la Na - vi - dad se es -

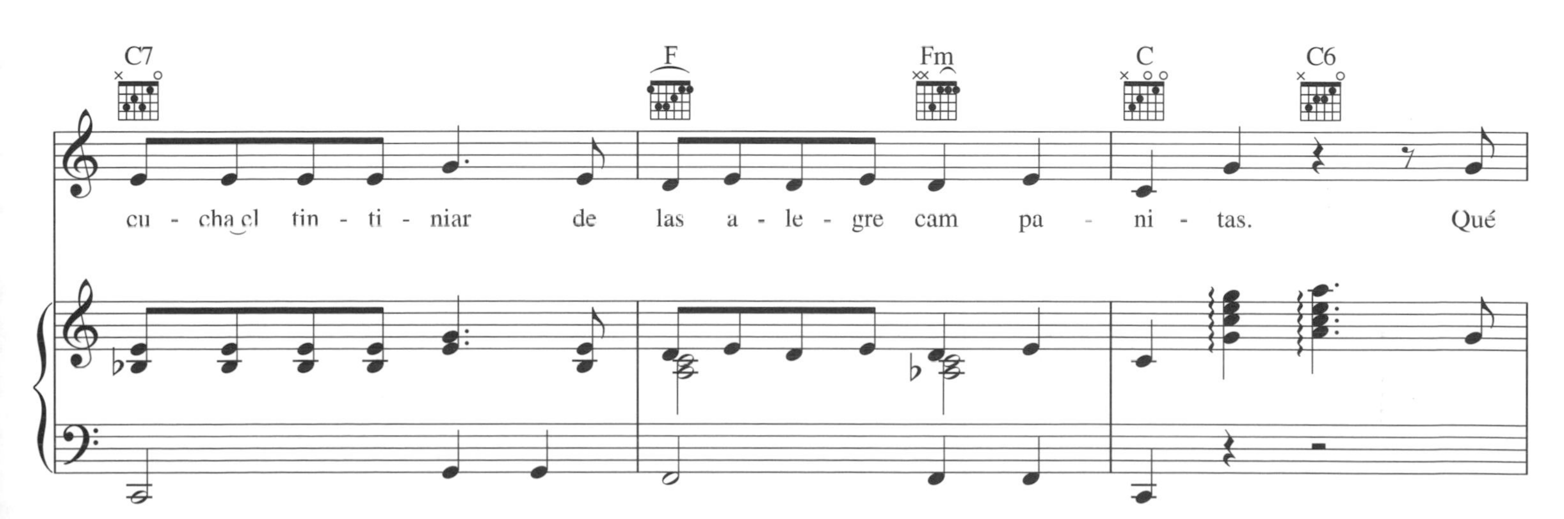
C7 F Fm C C6
cu - cha cl tin - ti - niar de las a - le - gre cam pa - ni - tas. Qué

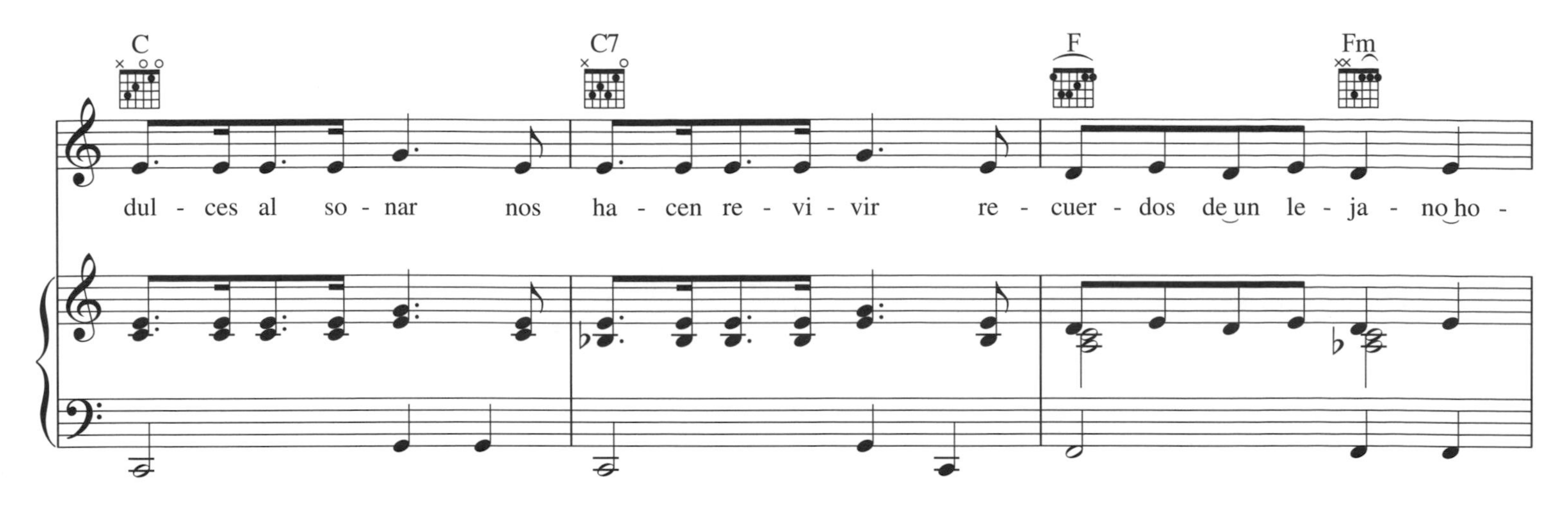
C
C7
F
Fm
dul - ces al so - nar nos ha - cen re - vi - vir re - cuer - dos de un le - ja - no ho -

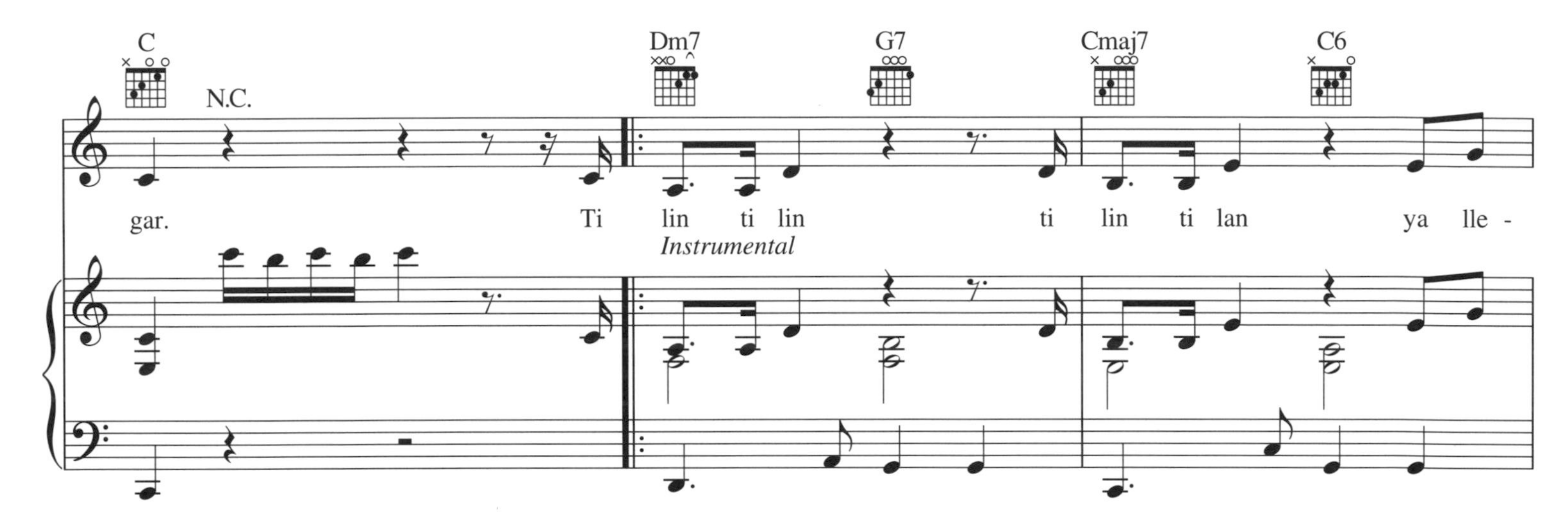
C
N.C.
Dm7
G7
Cmaj7
C6
gar. Ti lin ti lin ti lin ti lan ya lle -
Instrumental

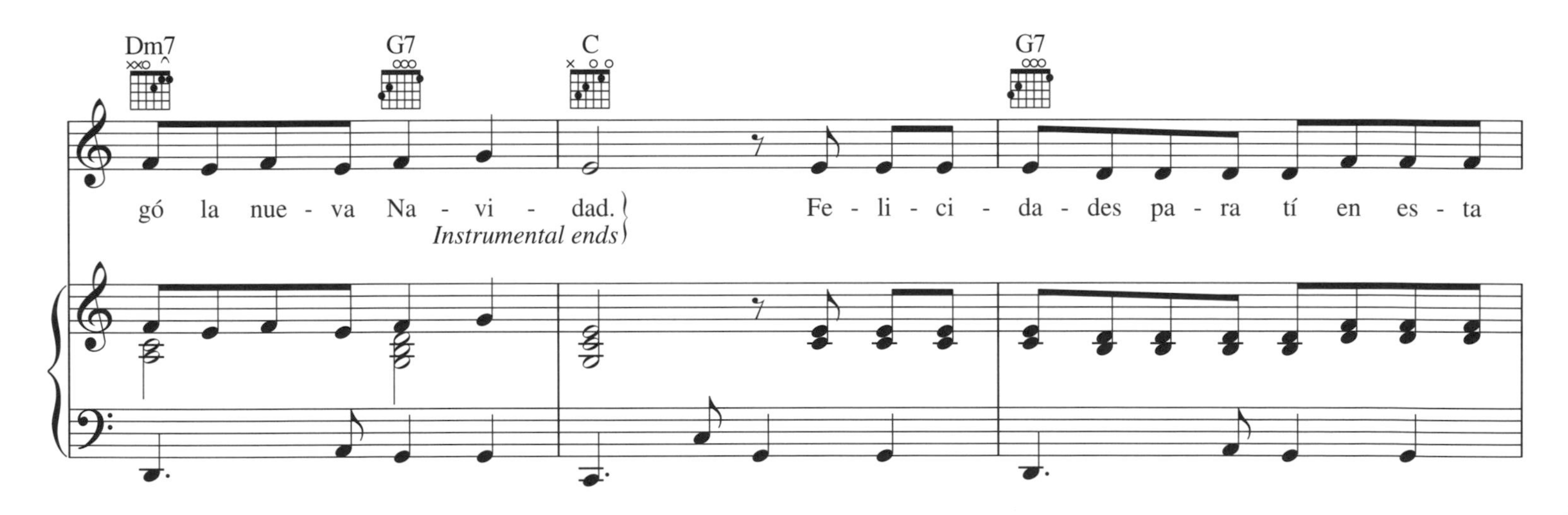
Dm7
G7
C
G7
gó la nue - va Na - vi - dad. Fe - li - ci - da - des pa - ra tí en es - ta
Instrumental ends

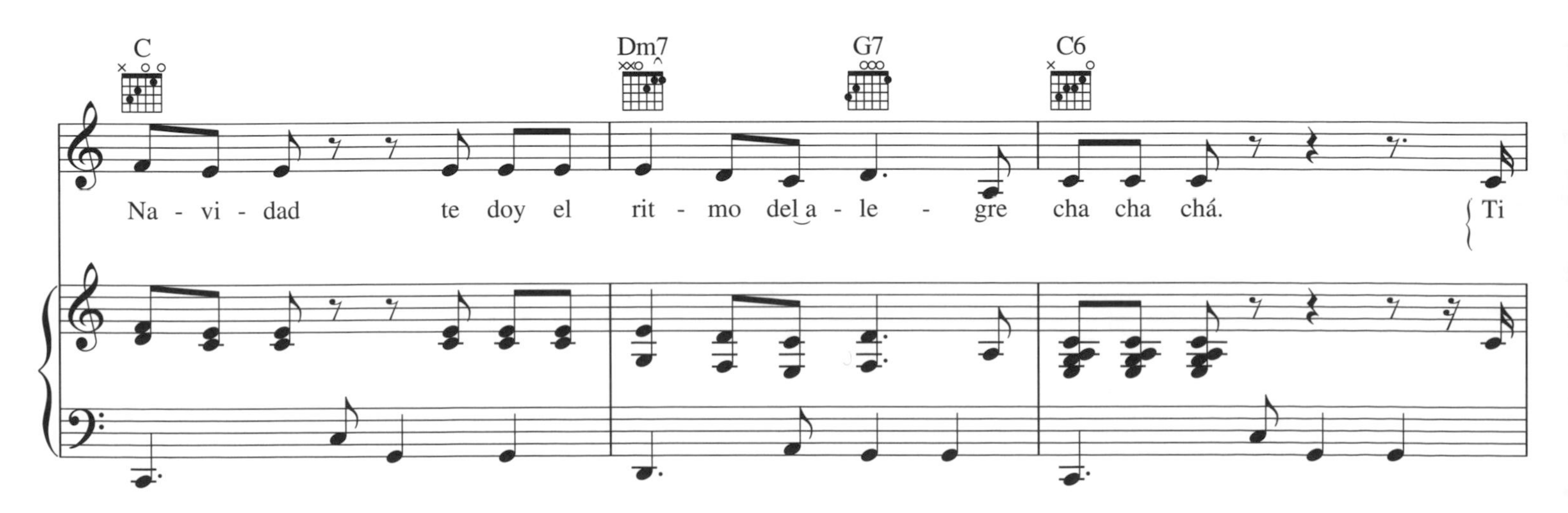
C
Dm7
G7
C6
Na - vi - dad te doy el rit - mo del a - le - gre cha cha chá. Ti

Dm7 G7 Cmaj7 C6 Dm7 G7
lin ti lin ti lin ti lin ti lin ti lin ti lan ya lle - gó la nue - va Na - vi -
Instrumental
Instrumental ends
C G7 C
dad. Fe - li - ci - da - des pa - ra tí en es - ta Na - vi - dad te doy el
Dm7 G7 C6 C6 Dm7 G7
1
2
rit - mo del a - le - gre cha cha chá. cha cha chá. Ti lin ti lin ti
Cmaj7 C6 Dm7 G7 C
lin ti lan ya lle - gó la nue - va Na - vi - dad.

ETERNA NAVIDAD

Words and Music by
ANTONIO PEREYRA

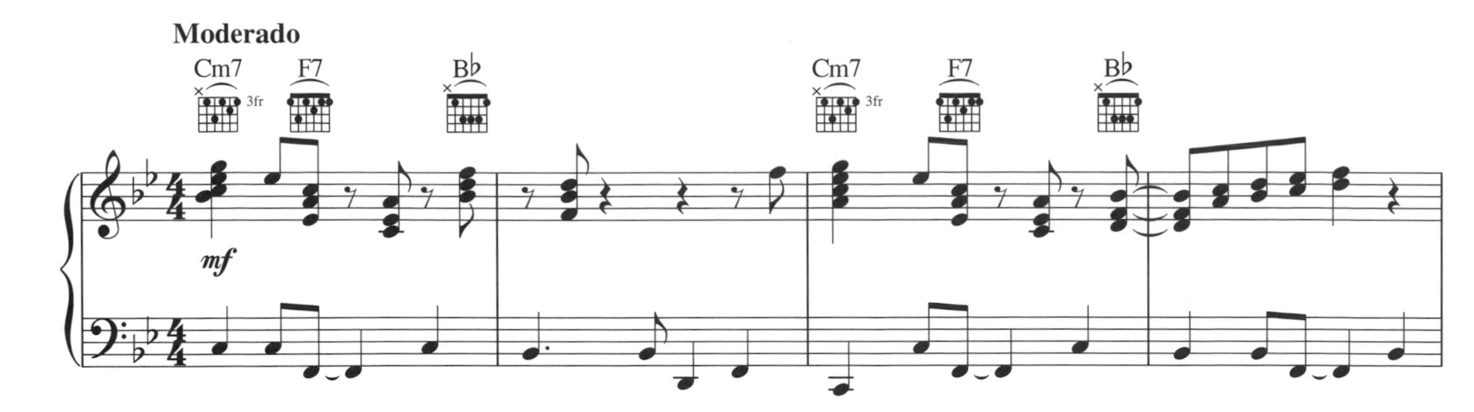

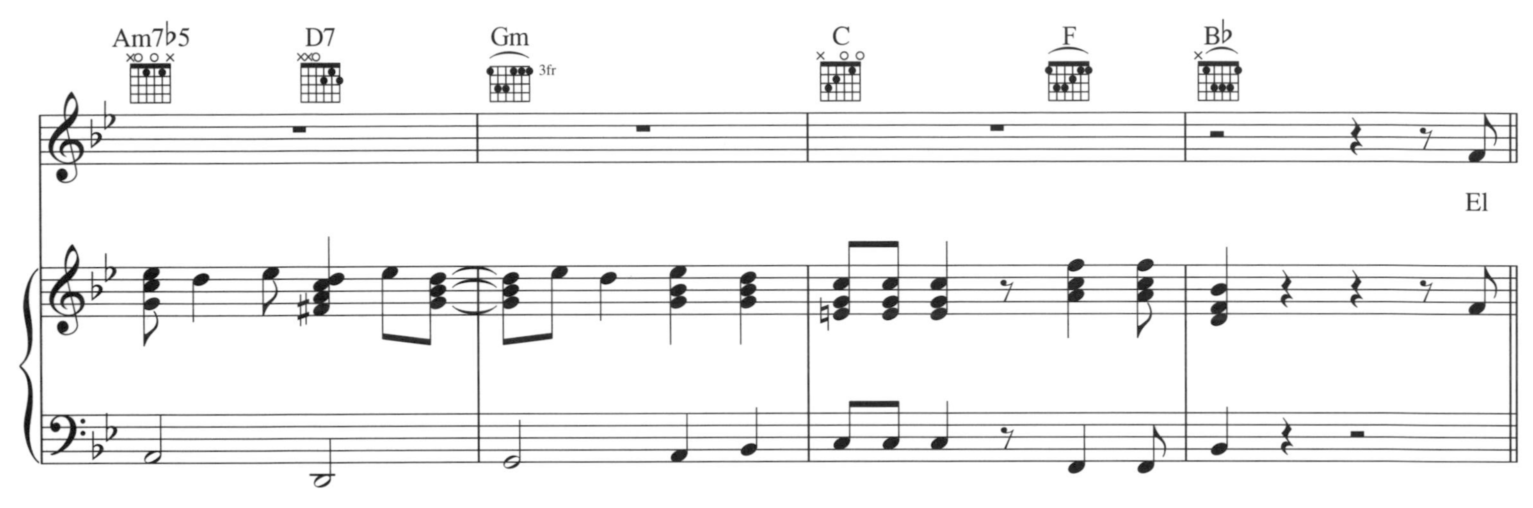

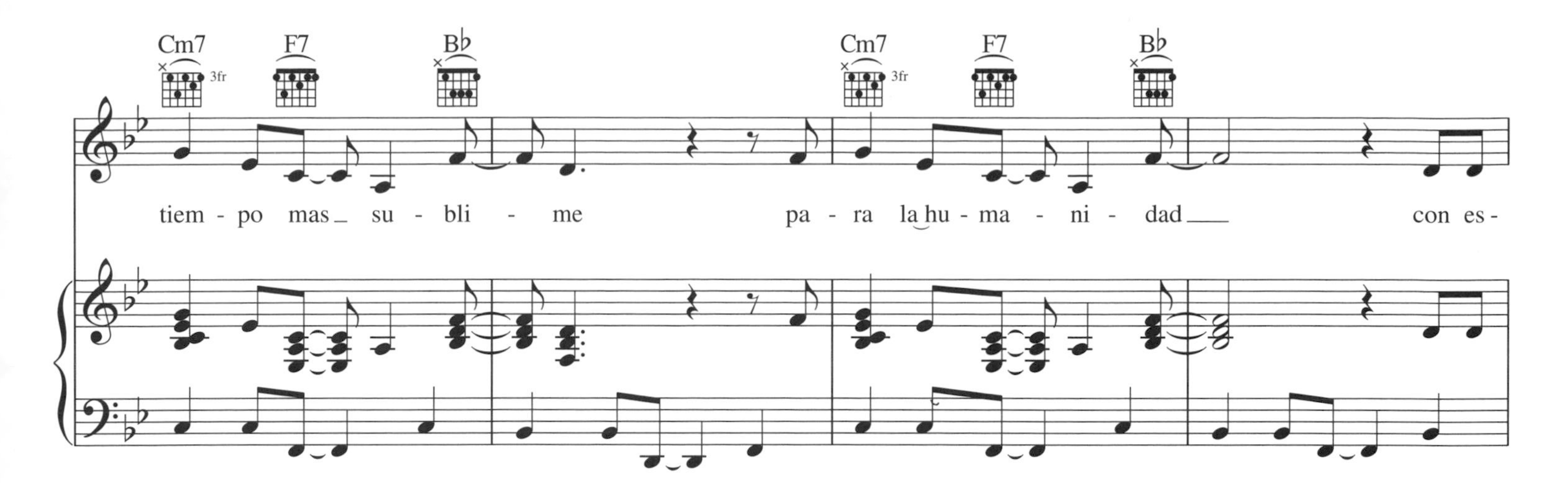
Cm7 F7 B♭ Cm7 F7 B♭
3fr
tiem - po mas su - bli - me pa - ra la hu - ma - ni - dad con es-

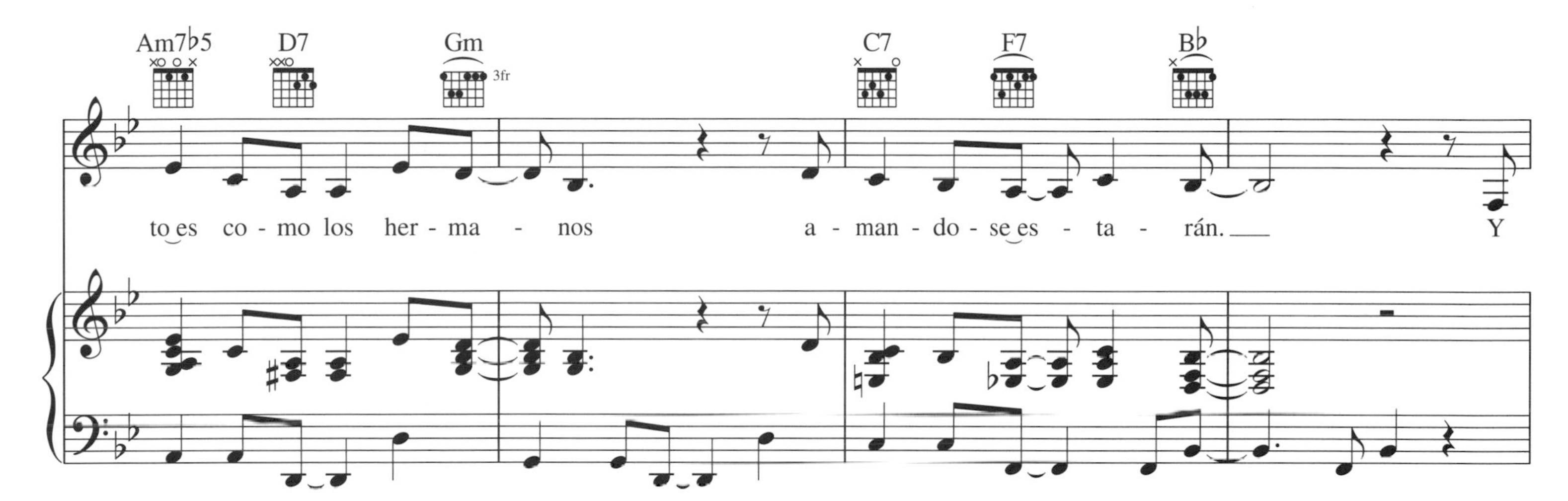
Am7♭5 D7 Gm C7 F7 B♭
3fr
to es co - mo los her - ma - nos a - man - do - se es - ta - rán. Y

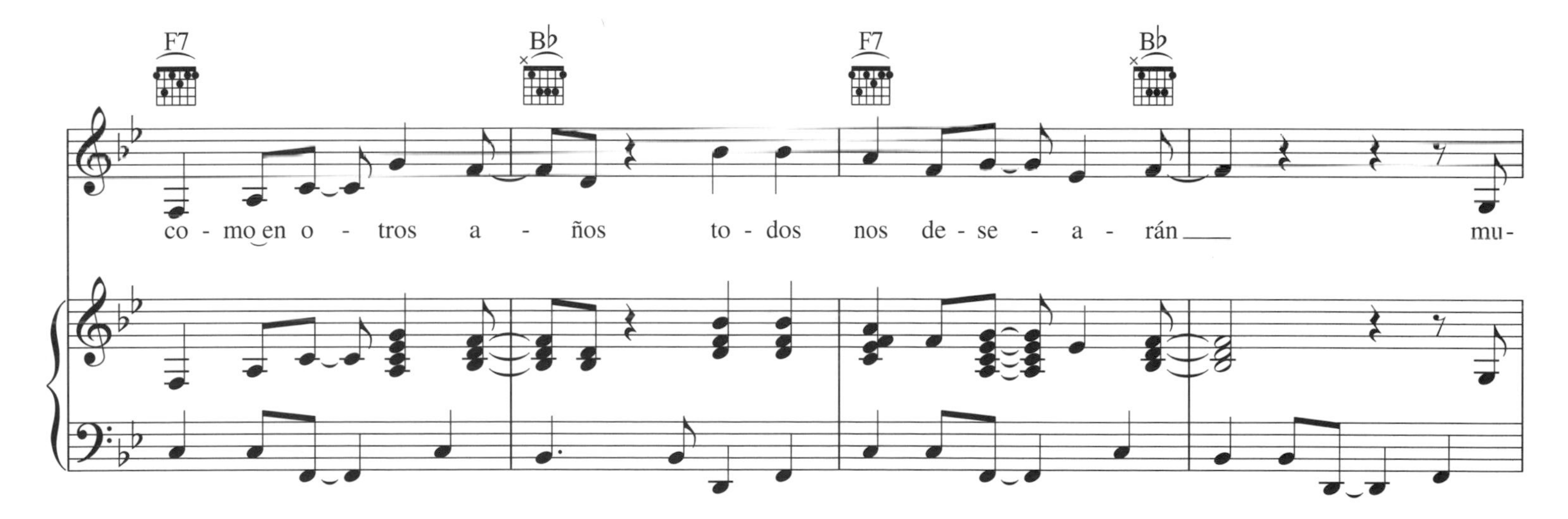
F7 B♭ F7 B♭
co - mo en o - tros a - ños to - dos nos de - se - a - rán mu-

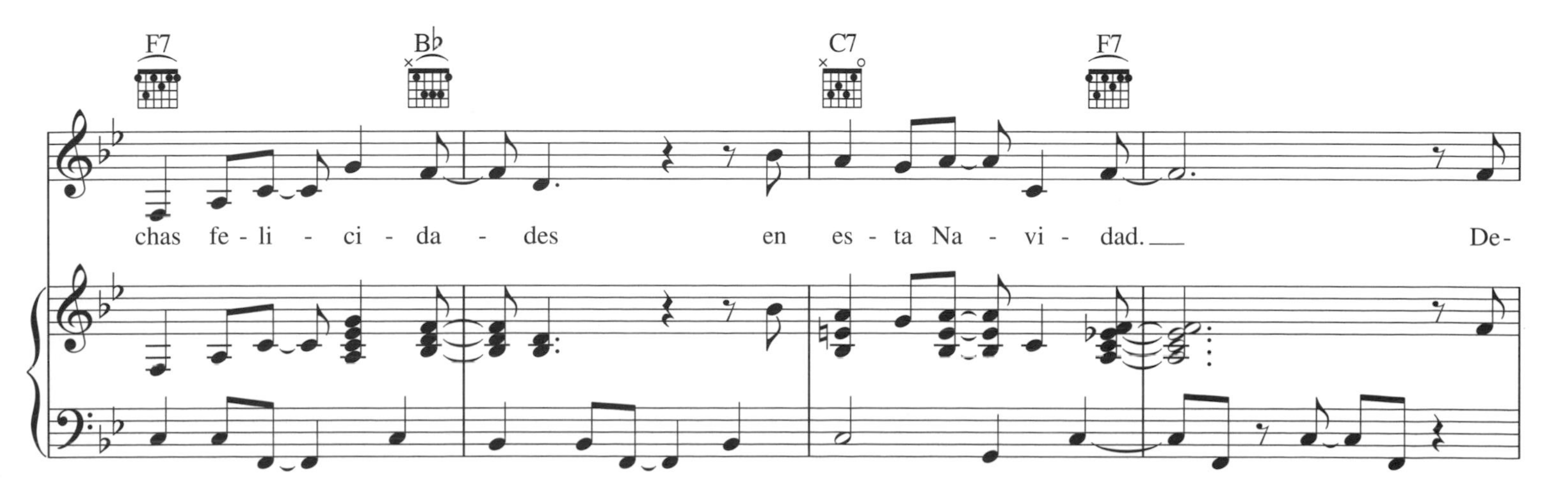
F7 B♭ C7 F7
chas fe - li - ci - da - des en es - ta Na - vi - dad. De-

Cm7
F7
B♭
3fr
Cm7
F7
B♭
3fr
bie-ra to-do el mun-do tra-tar-se siem-pre i-gual qué el

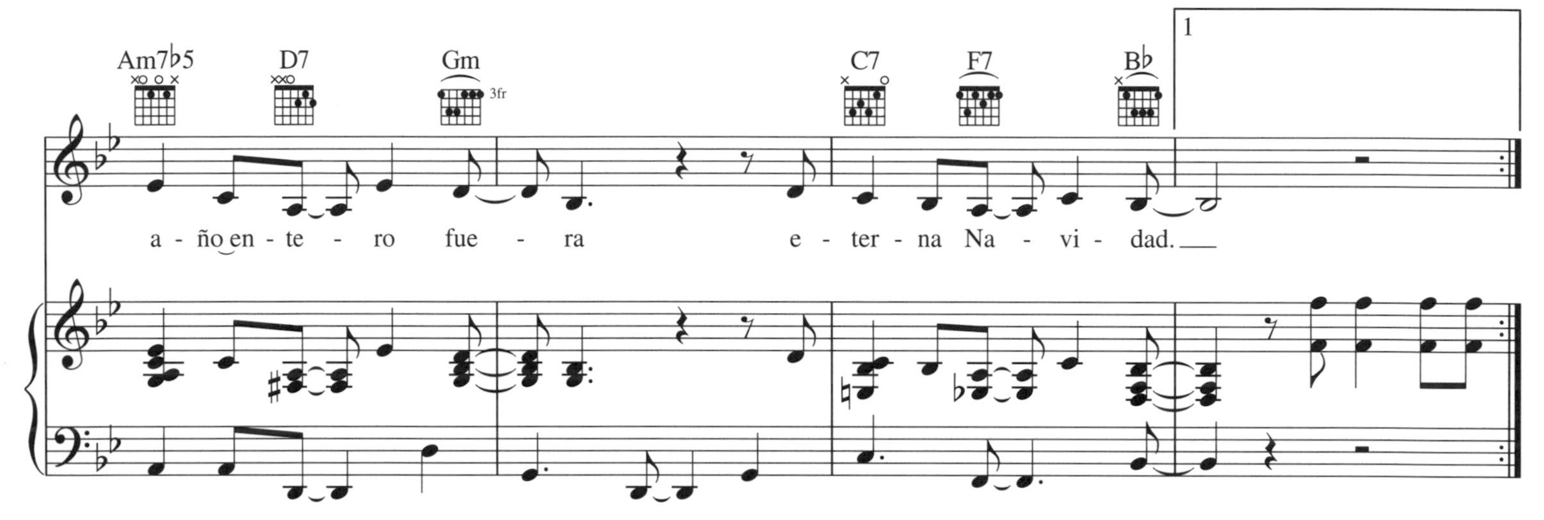
Am7♭5
D7
Gm
3fr
C7
F7
B♭
1
a-ño en-te-ro fue-ra e-ter-na Na-vi-dad.

2
F7
B♭
F7
B♭
Qué el a-ño en-te-ro fue-ra e-ter-na Na-vi-dad.

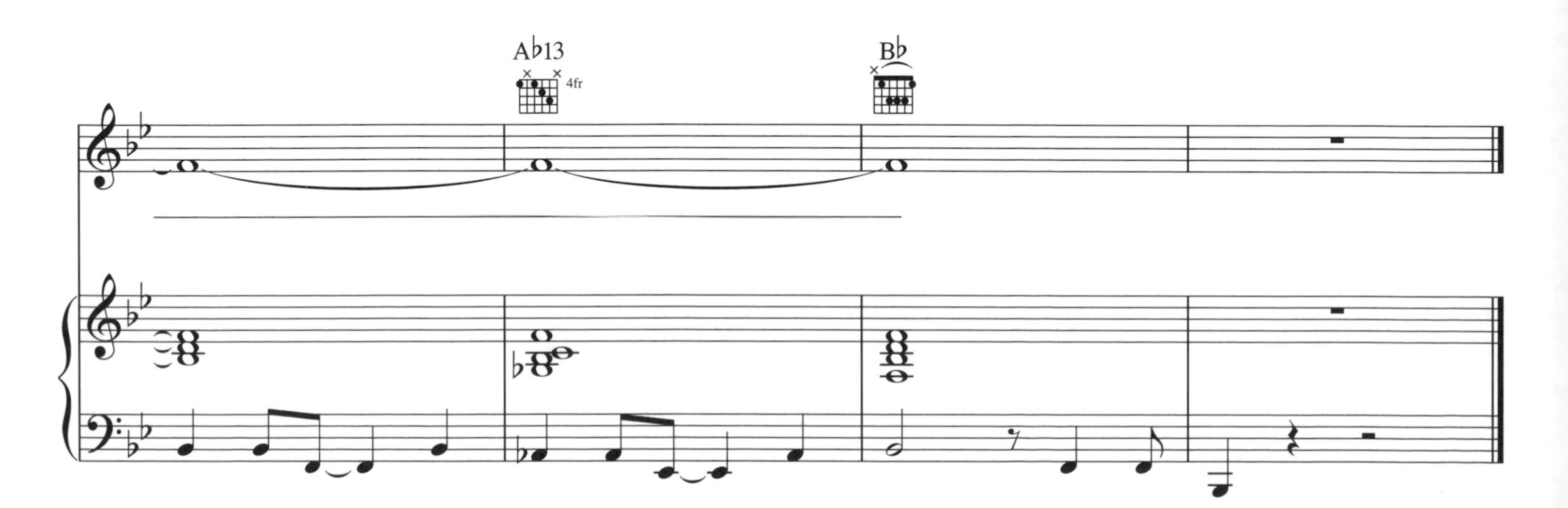
A♭13
4fr
B♭

FELICES PASCUAS

Words and Music by
PEDRO FLORES CÓRDOVA

A♭
4fr
B♭7
E♭
3fr
y prós - pe - ro A - ño Nue - vo
u - na y mil ve - ces más,

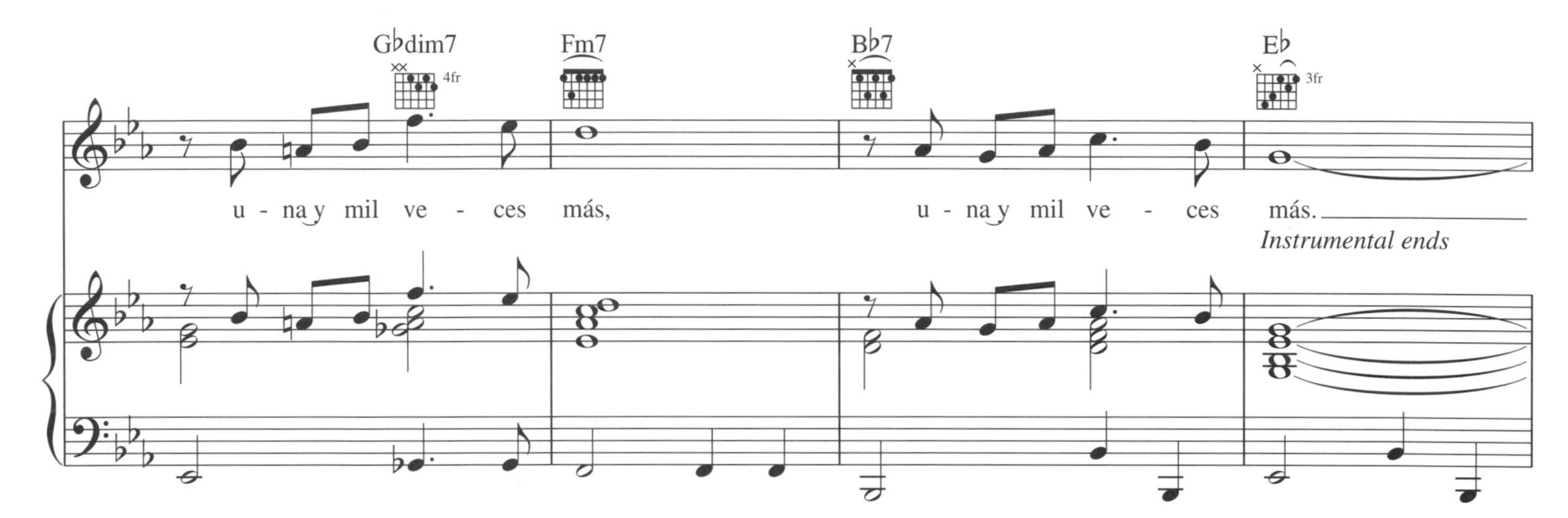
G♭dim7
4fr
Fm7
B♭7
E♭
3fr
u - na y mil ve - ces más,
u - na y mil ve - ces más.
Instrumental ends

N.C.
B♭7
E♭
3fr
Al Dios de lo cre - a - do pe - di - re - mos en es - ta Na - vi - dad,

D♭7
4fr
C7
Gdim
C7
Fm
3
a - mor en nues - tras vi - das,
glo - ria en el cie - lo,

B♭7
E♭
3fr
G♭dim7
4fr
Fm7
so - bre la tie - rra paz,
so - bre la tie - rra pas,
1
B♭7
E♭
3fr
N.C.
so - bre la tie - rra paz.
2
Fm
A♭
4fr
B♭7
so - bre la tie - rra
E♭
3fr
C♭/E♭
4fr
D♭/E♭
E♭
3fr
paz.

FELIZ NAVIDAD

Music and Lyrics by
JOSÉ FELICIANO

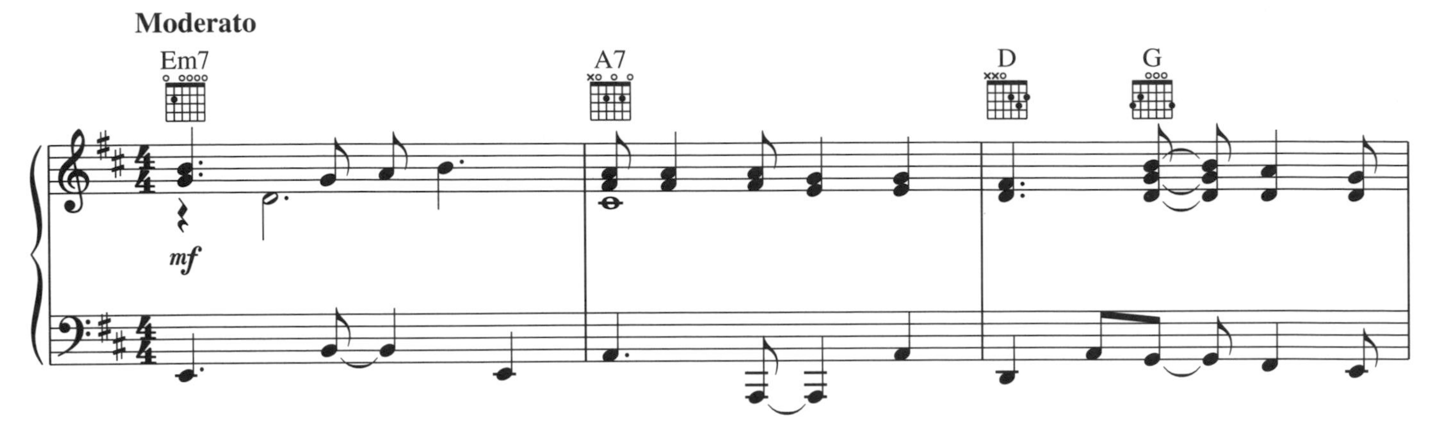

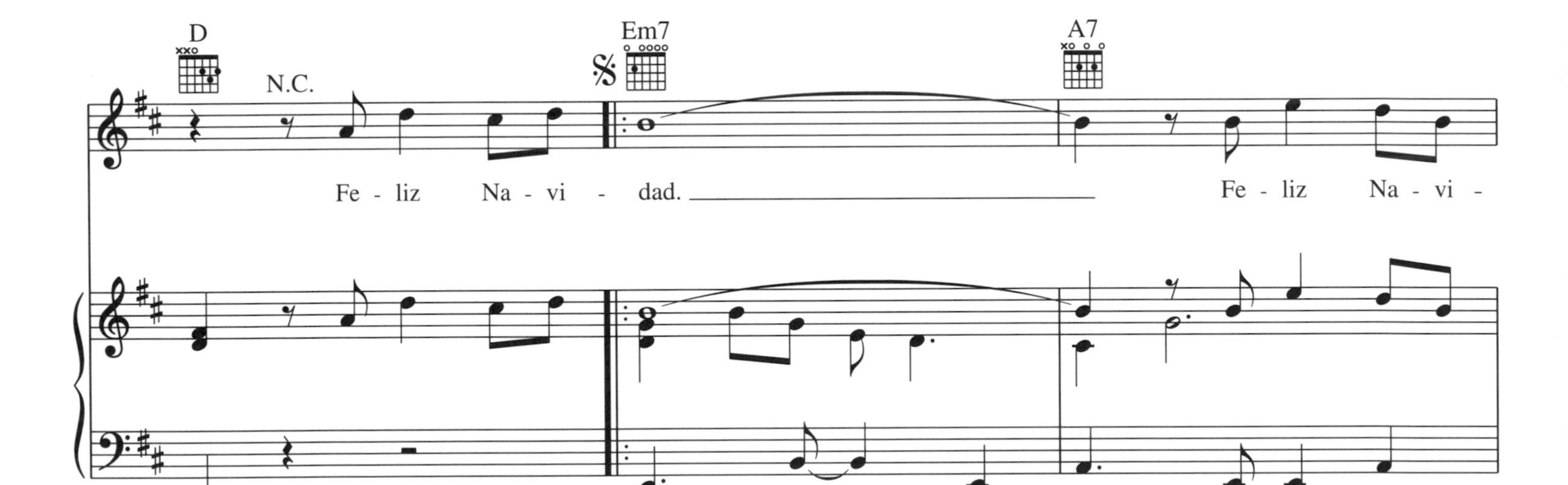

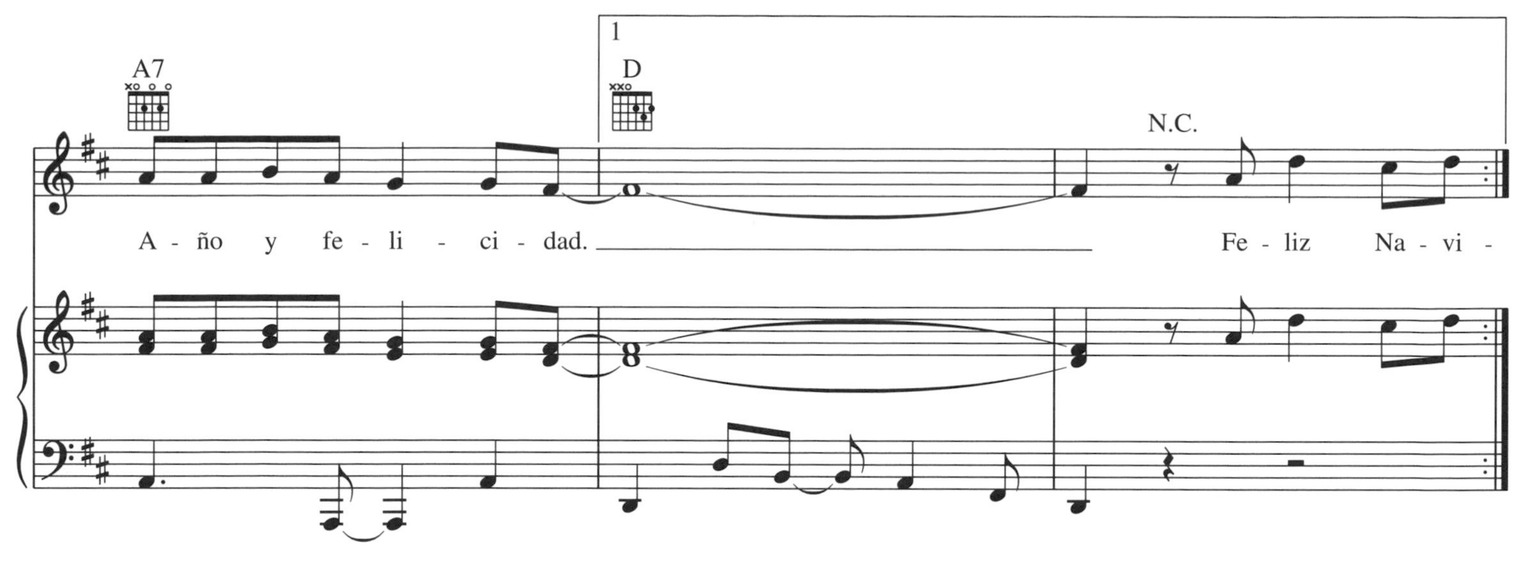
A7
1
D
N.C.
A - ño y fe - li - ci - dad.
Fe - liz Na - vi -

2
D
To next strain
3
D
I want to wish you a

Fine
G
A7
Mer - ry Christ - mas, with lots of pres - ents to

D
G
make you hap - py. I want to wish you a Mer - ry Christ - mas from the

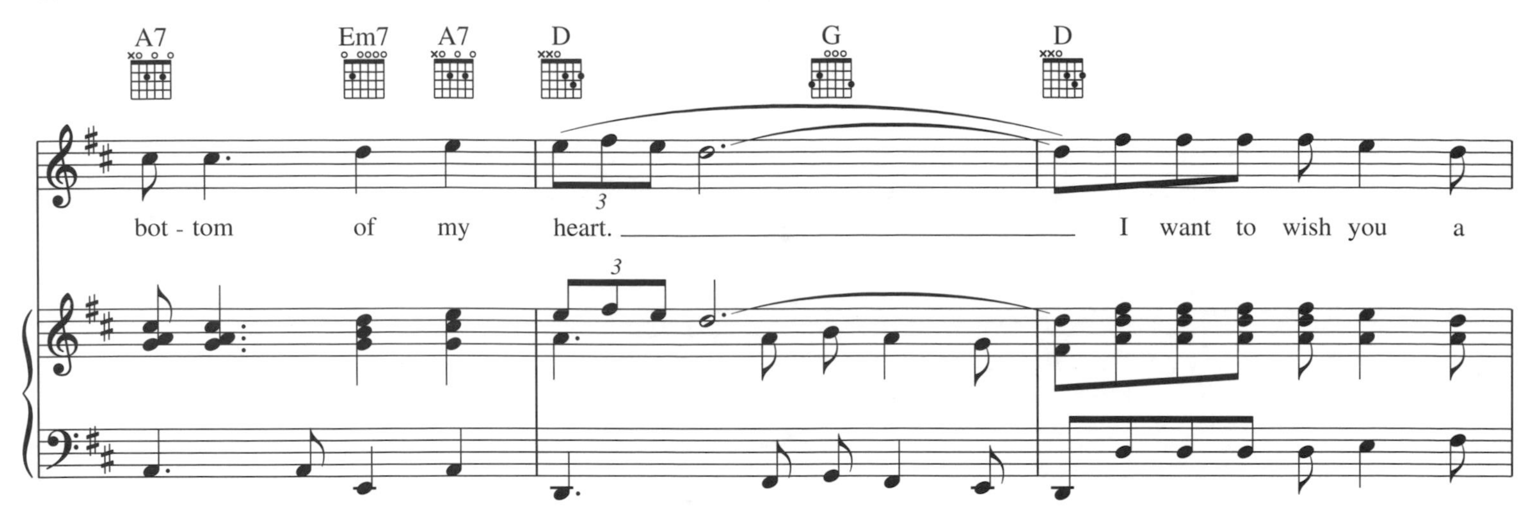
A7
Em7
A7
D
G
D
bot - tom of my heart. I want to wish you a
3
3

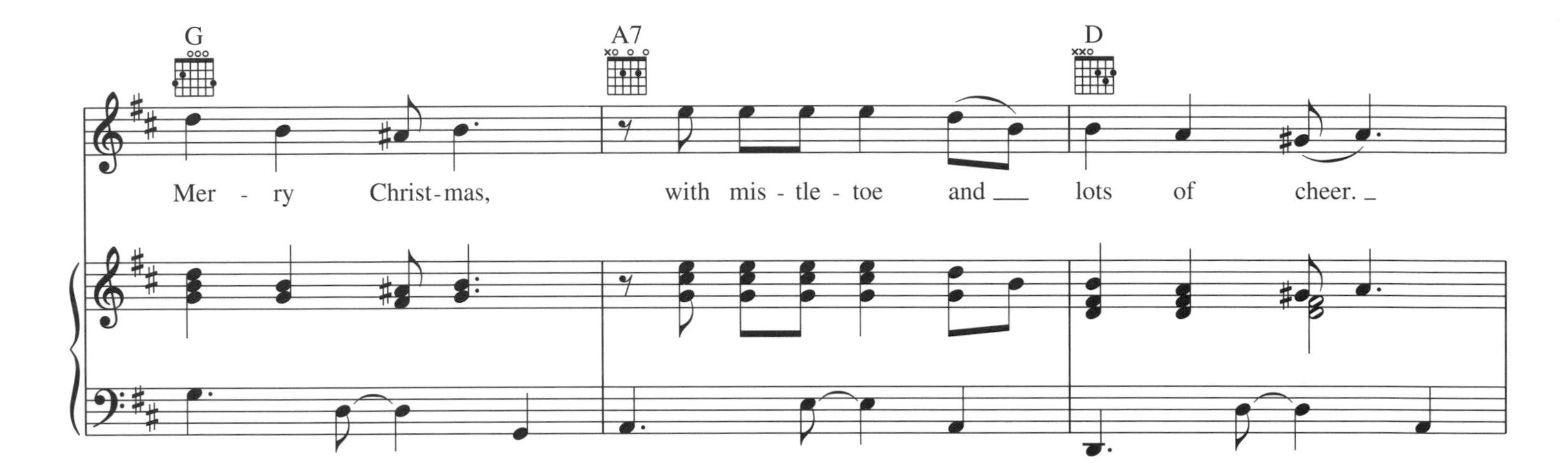
G
A7
D
Mer - ry Christ - mas, with mis - tle - toe and lots of cheer.

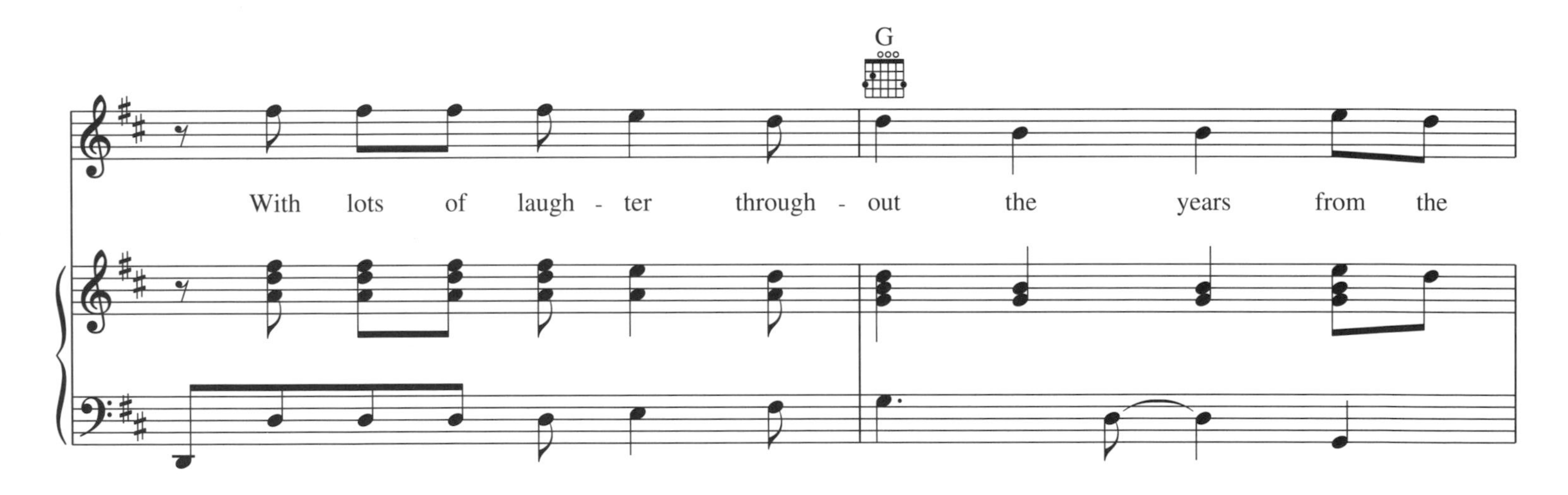
G
With lots of laugh - ter through - out the years from the

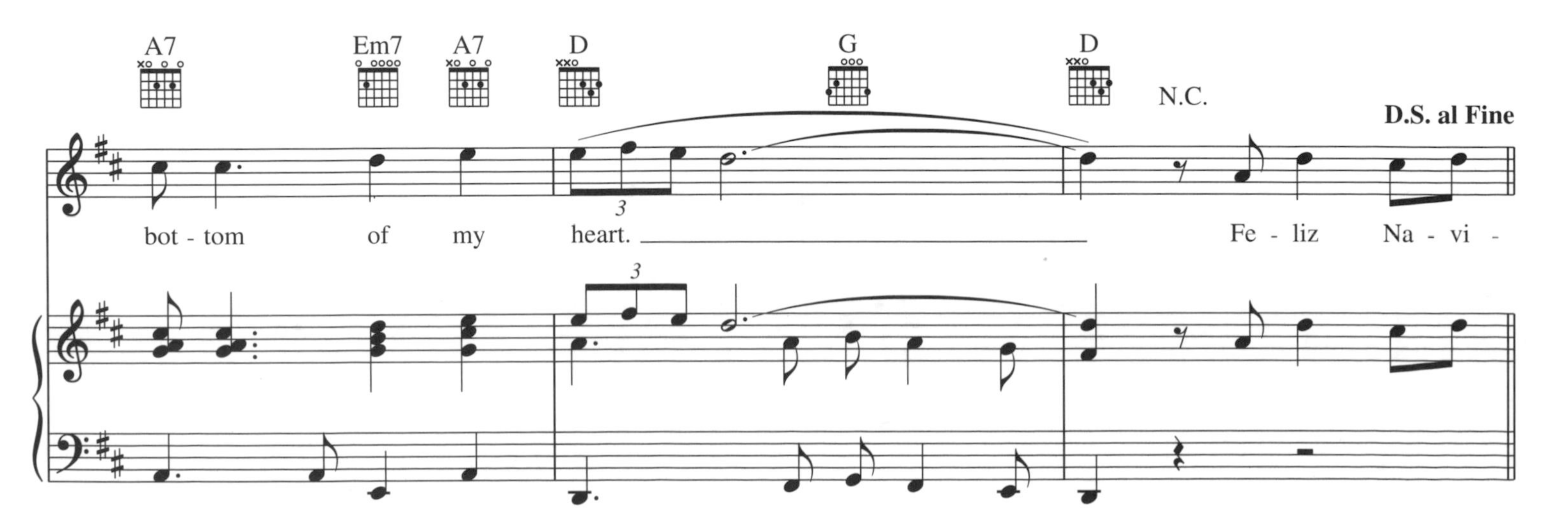
A7
Em7
A7
D
G
D
N.C.
D.S. al Fine
bot - tom of my heart. Fe - liz Na - vi -
3
3

JINGLE BELLS
(Cascabel)

Traditional

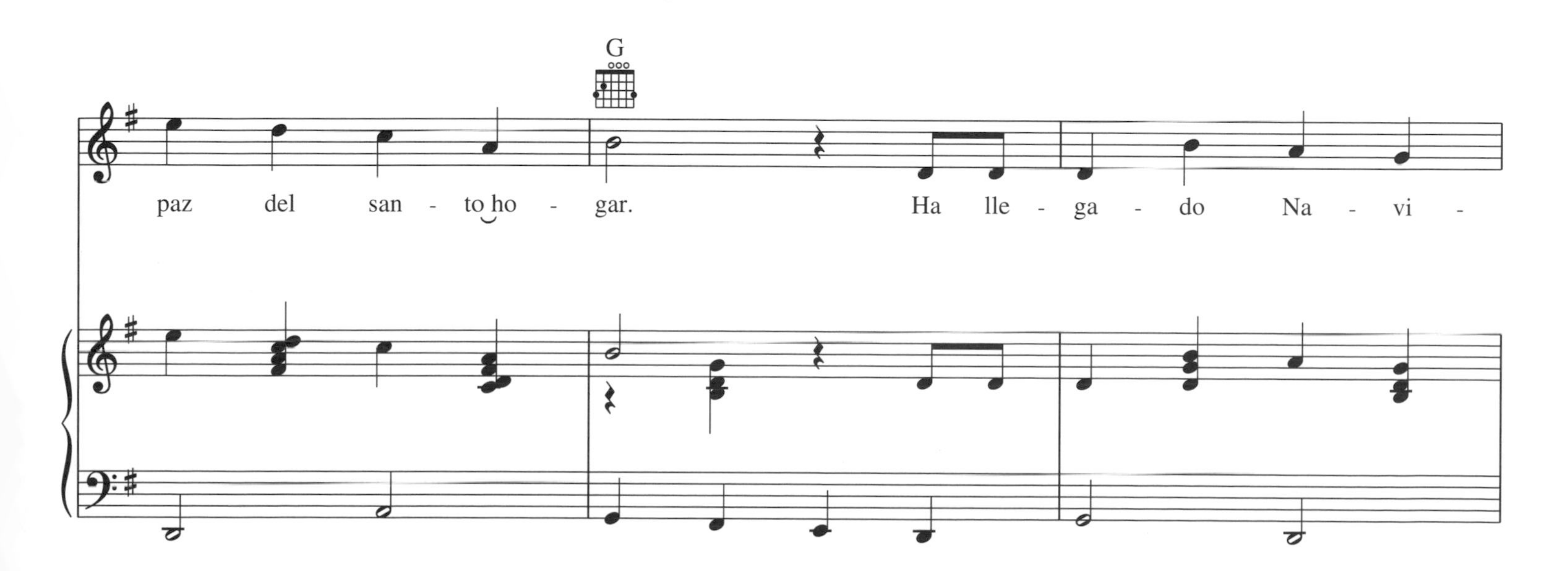

dad la fa - mi - lia a - le - gre e -
C
Am
G/D
está es - per - an - do la No - che - bue - na en la
D7
G
D7
G
paz del san - to ho - gar. Cas - ca - bel,
G7
Cas - ca - bel, lin - do Cas - ca - bel

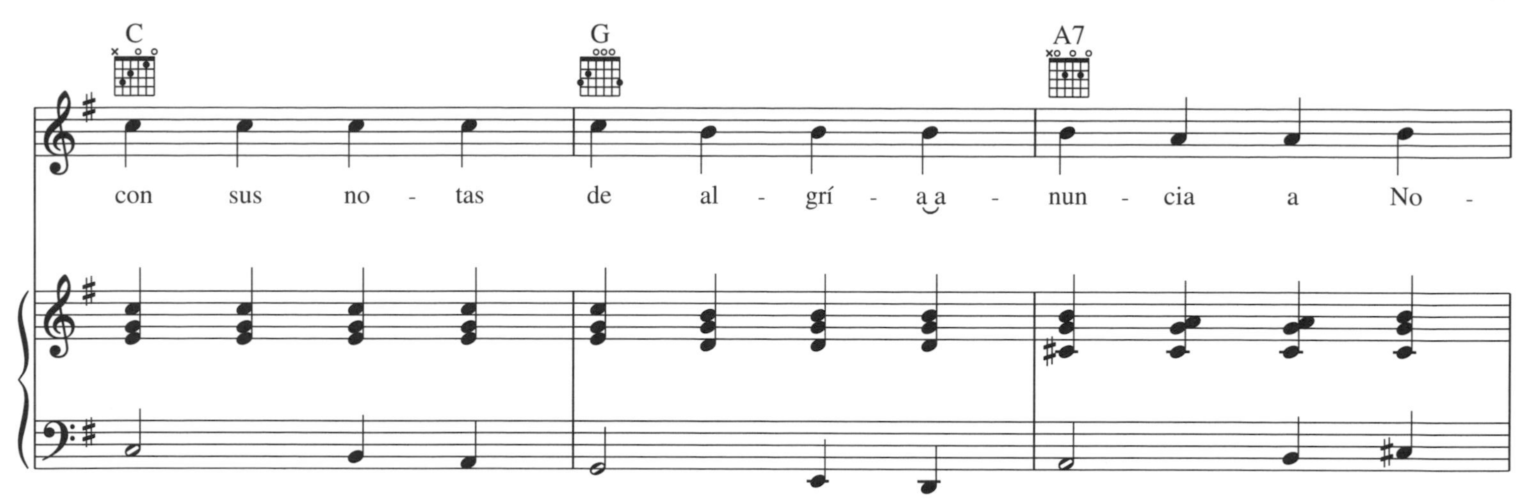
C
G
A7
con sus no - tas de al - grí - a a - nun - cia a No -

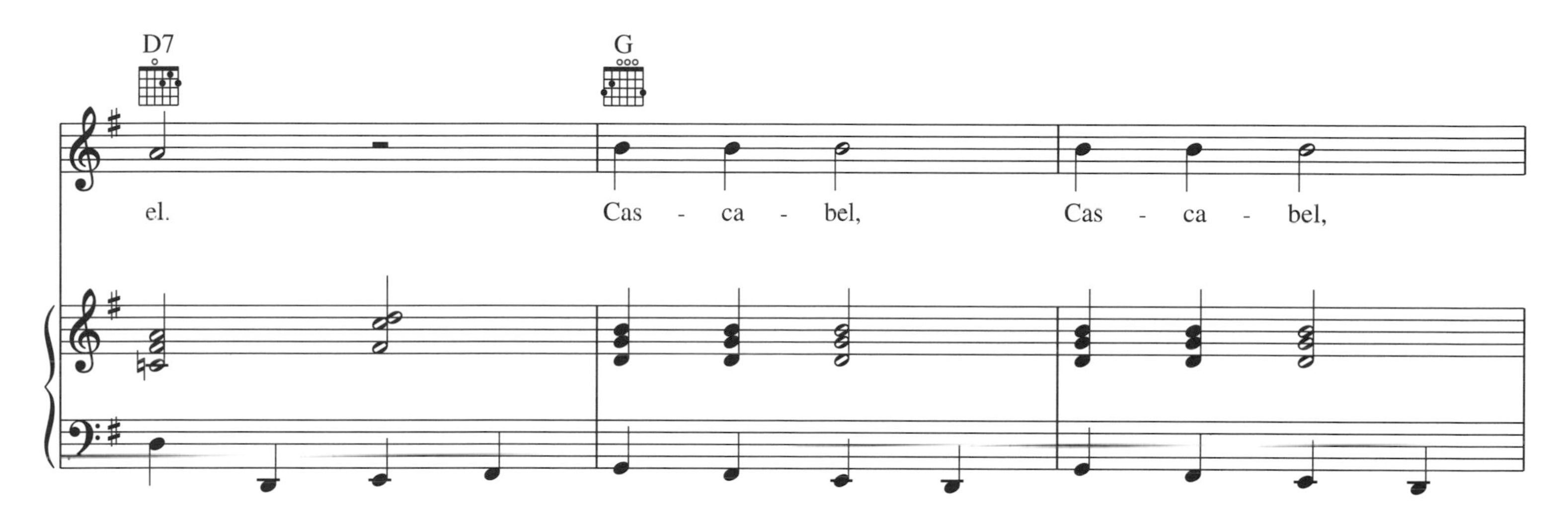
D7
G
el. Cas - ca - bel, Cas - ca - bel,

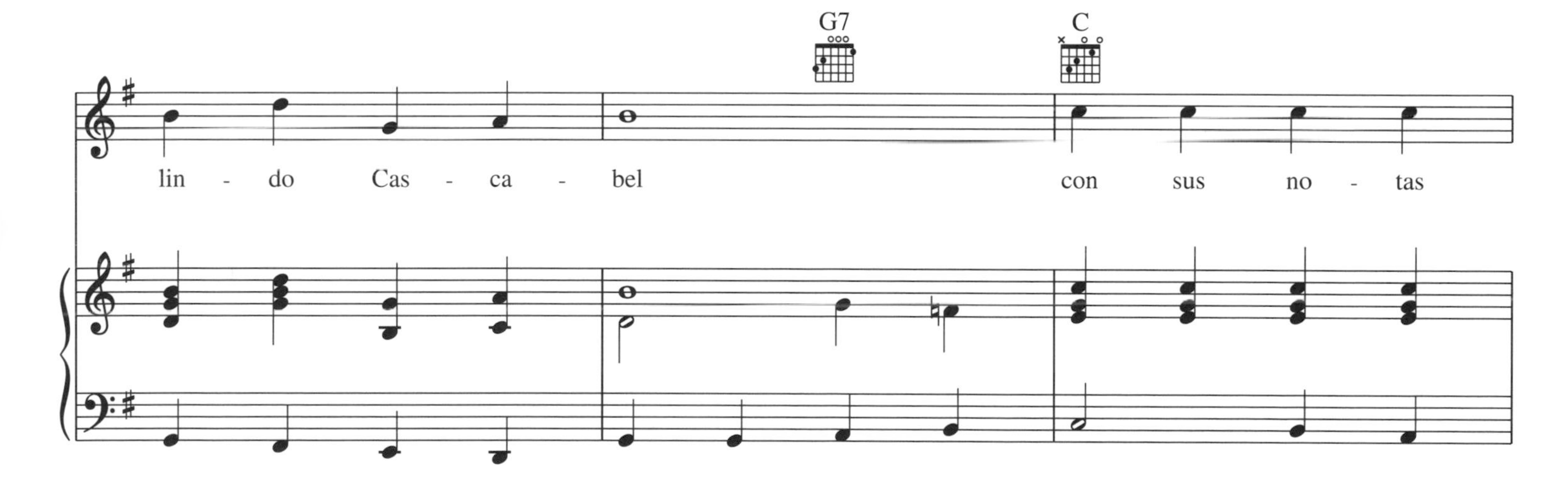
G7
C
lin - do Cas - ca - bel con sus no - tas

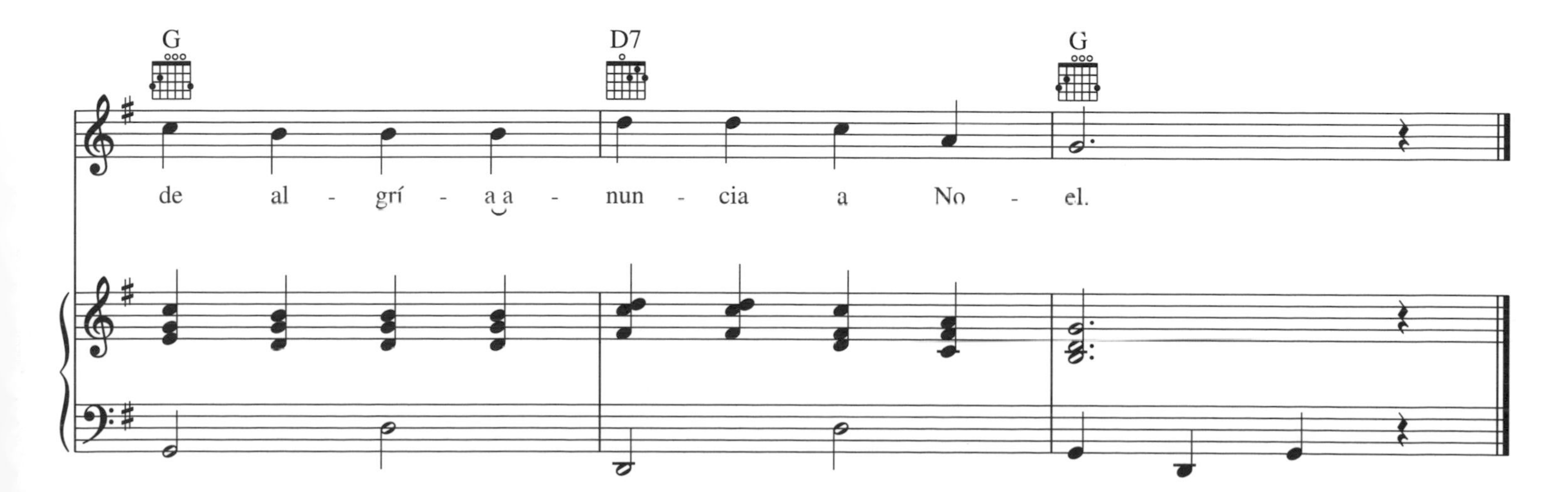
G
D7
G
de al - grí - a a - nun - cia a No - el.

LA PARRANDA DEL SOPÓN

Words and Music by
JUAN ANGEL NOGUERAS

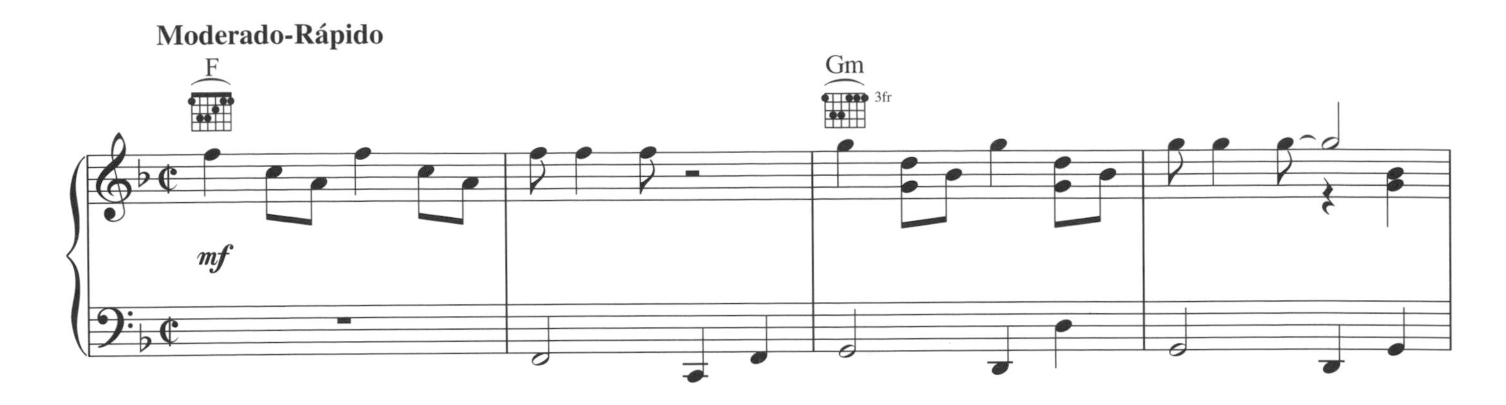

Gm
3fr
A las dos de la ma-ña - na nos co-mi - mos un so-pón

F
C7
F
y se nos pe - gó un do - lor a - llá por la ma - dru - ga - da.

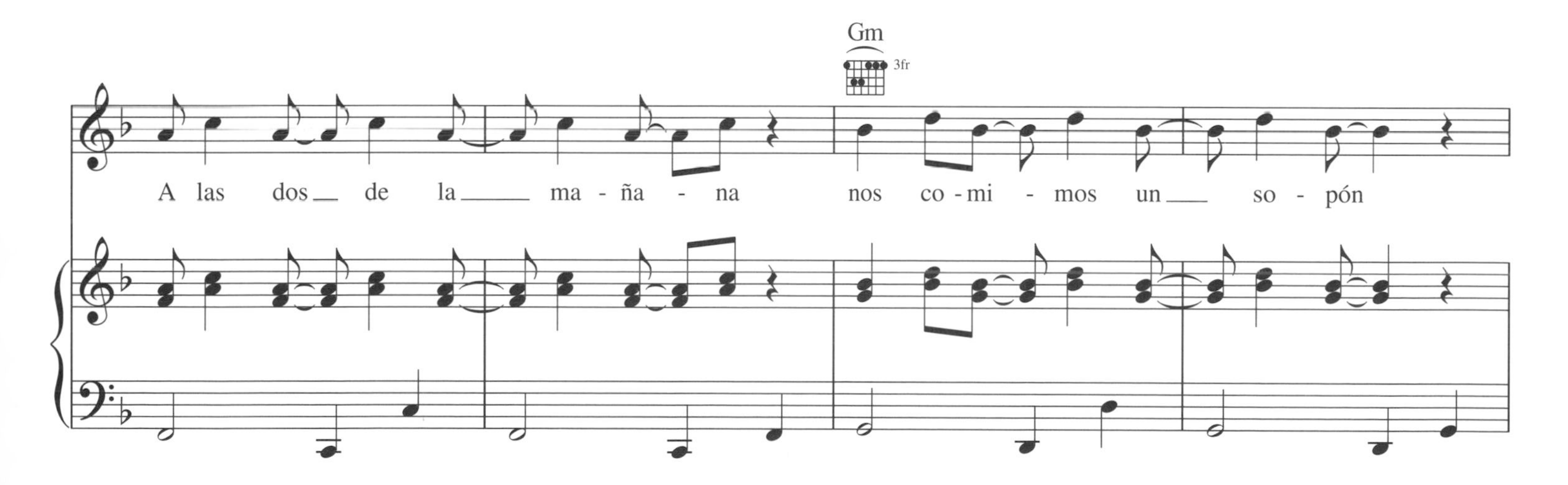
Gm
3fr
A las dos de la ma-ña - na nos co-mi - mos un so-pón

F
C7
F
To Coda
y se nos pe - gó un do - lor a - llá por la ma - dru - ga - da.

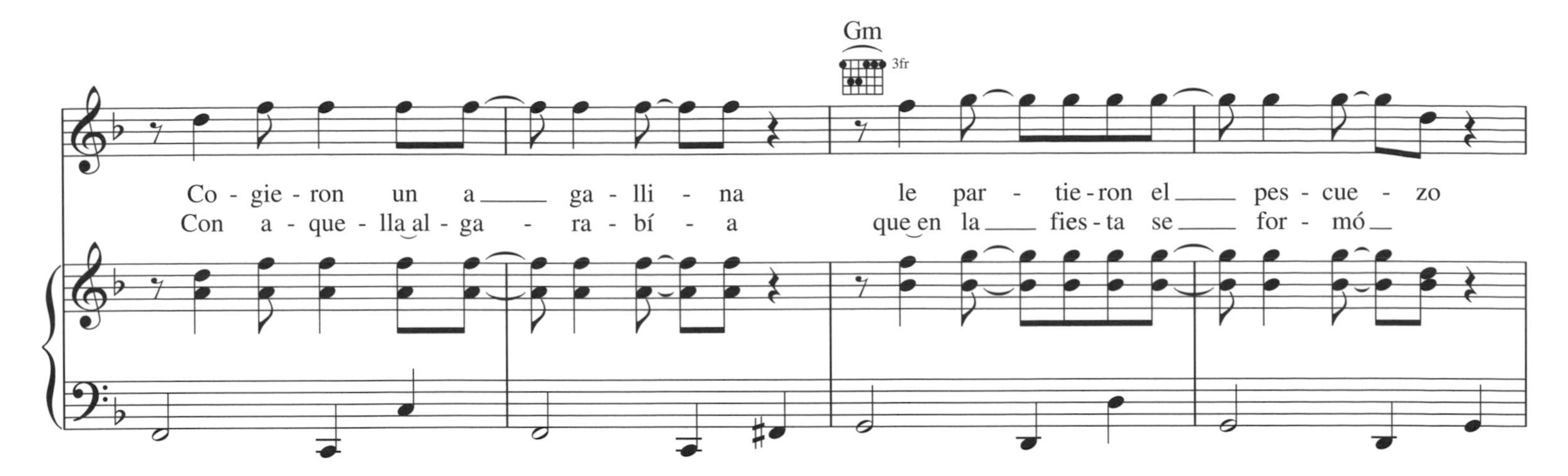
Gm
3fr
Co - gie - ron un a ___ ga - lli - na le par - tie - ron el ___ pes - cue - zo
Con a - que - lla al - ga - ra - bí - a que en la ___ fies - ta se ___ for - mó ___

C7
F
le par - tie - ron to' ___ los hue - sos le cor - ta ron la - po - lli - ña.
el ga - llo se des - per - tó ___ no cre - yó lo ___ que ___ ve - í - a.

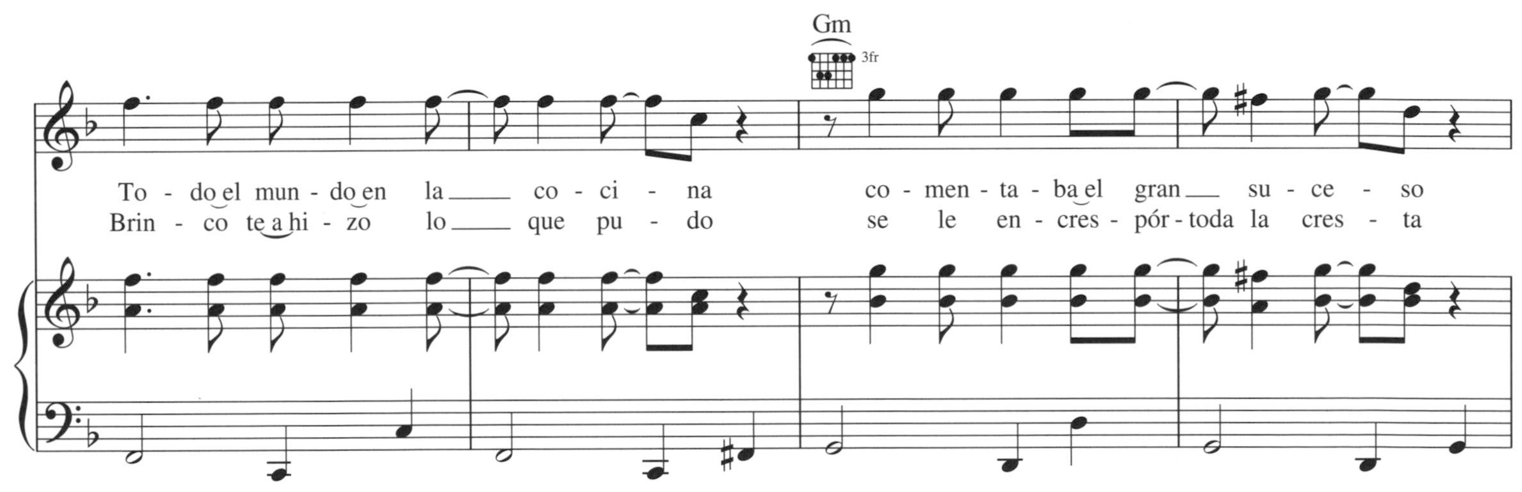
Gm
3fr
To - do el mun - do en la ___ co - ci - na co - men - ta - ba el gran ___ su - ce - so
Brin - co te a hi - zo lo ___ que pu - do se le en - cres - pór - toda la cres - ta

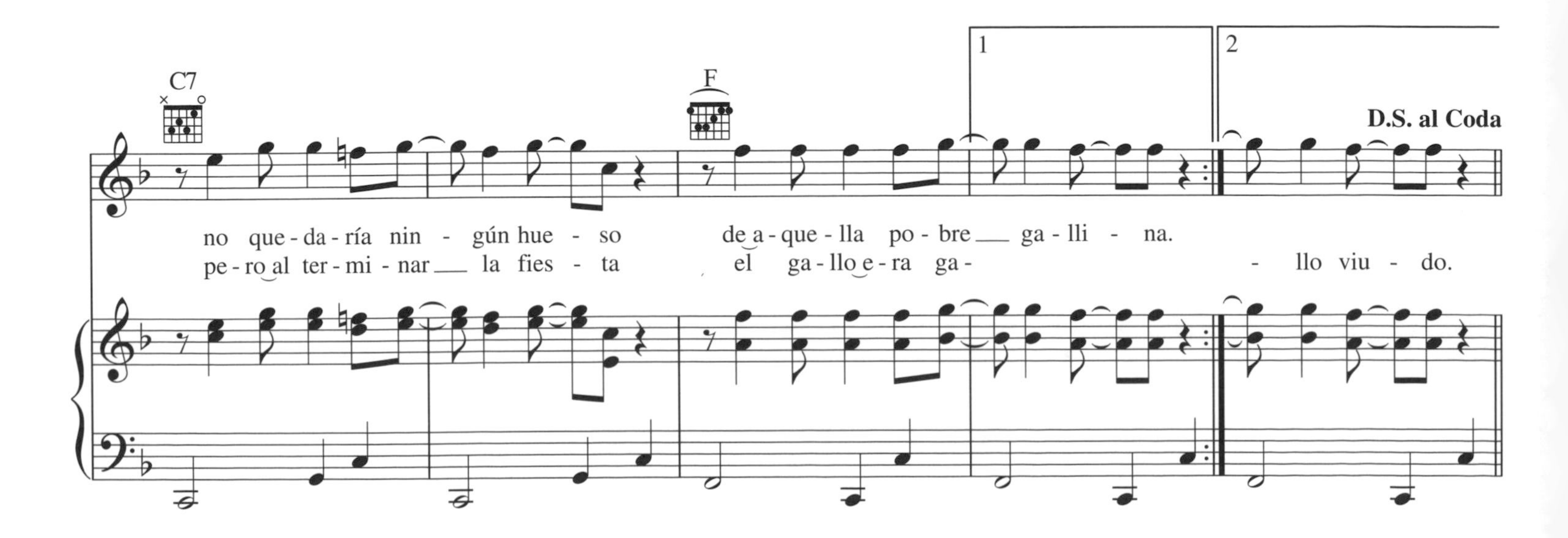
C7
F
1
2
D.S. al Coda
no que - da - ría nin - gún hue - so de a - que - lla po - bre ___ ga - lli - na.
pe - ro al ter - mi - nar ___ la fies - ta el ga - llo e - ra ga - llo viu - do.

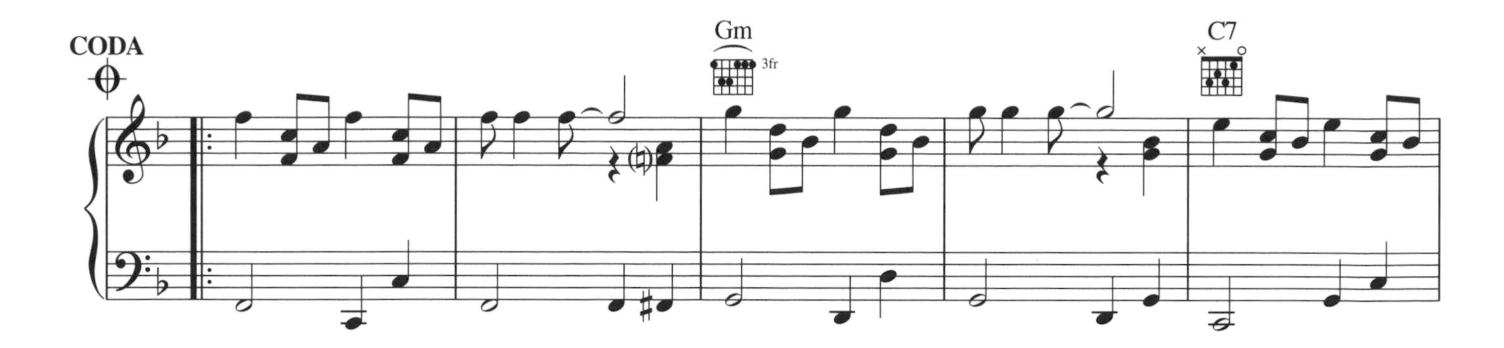
CODA
Gm
3fr
C7

1
F
2
F

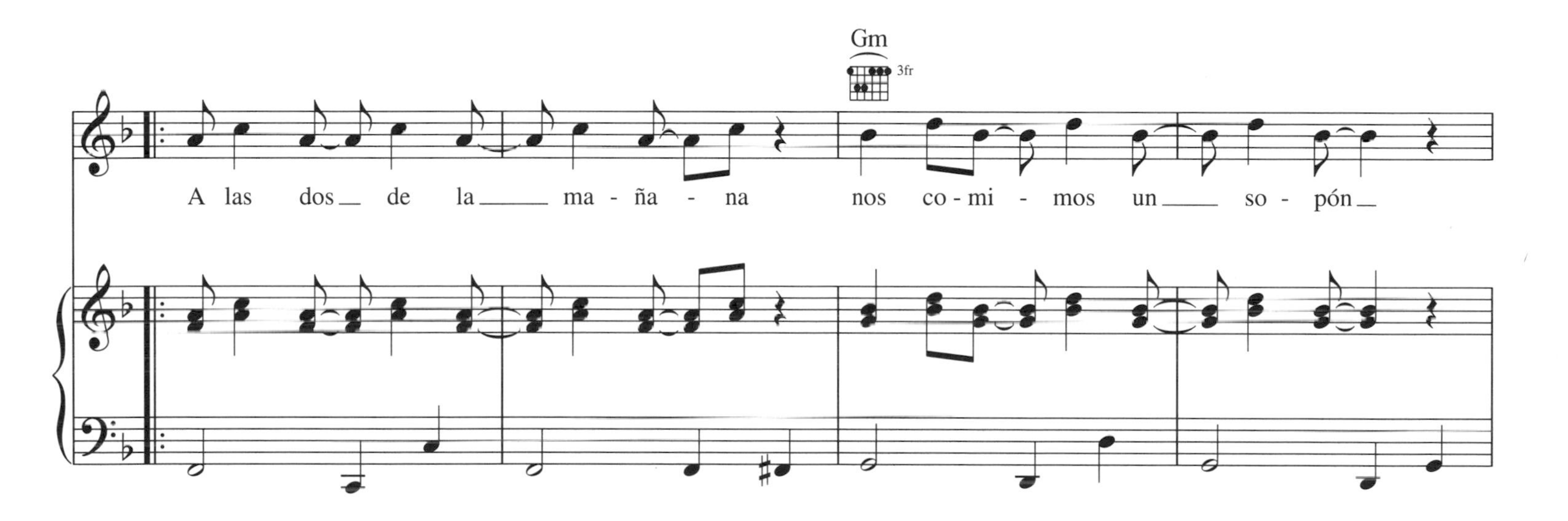
Gm
3fr
A las dos de la ma - ña - na nos co - mi - mos un so - pón

F
C7
F
y se nos pe - gó un do - lor a - llá por la ma - dru - ga - da.

Gm
3fr
Se co - mie - ron el so - pón con gus - to y mu -

C7
F
cha a-le grí - a y al ra - to se re - tor - ci - an al sen - tir un gran

Gm
3fr
do - lor. Pa - re - cí a - quel so - pón co - men - ta - ban y

C7
F
de - cí - an e - so fue u - na mal - di - ción que el ga - llo nos e -

Gm
3fr
-cha-rí-a. A las dos de la ma-ña-na nos co-mi-mos un

F
C7
F
so-pón y se nos pe-gó un do-lor a-llá por la ma-dru-ga-da.

Gm
3fr
F
A-llá por la ma-dru-ga-da a-quel ga-llo se re-í-a

Gm
3fr
F
1
2
a-llá por la ma-dru-ga-da a-quel ga-llo se re-í-a. ri-ó.

LOS PECES EN EL RÍO

Traditional

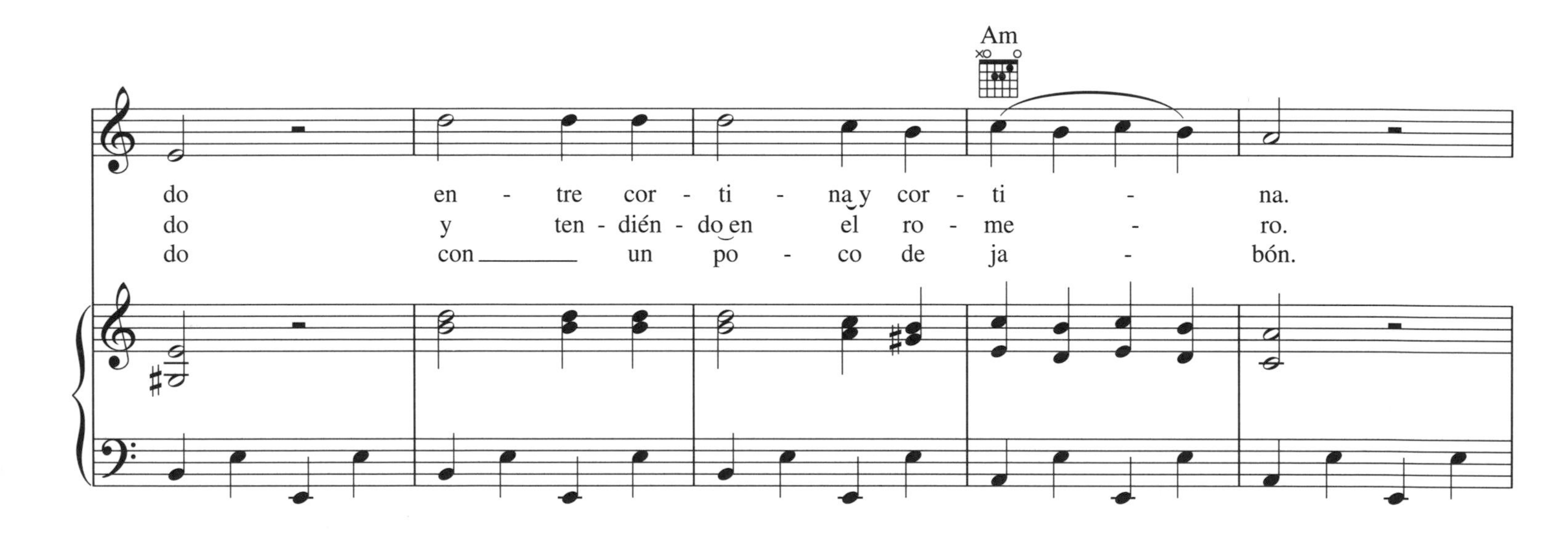

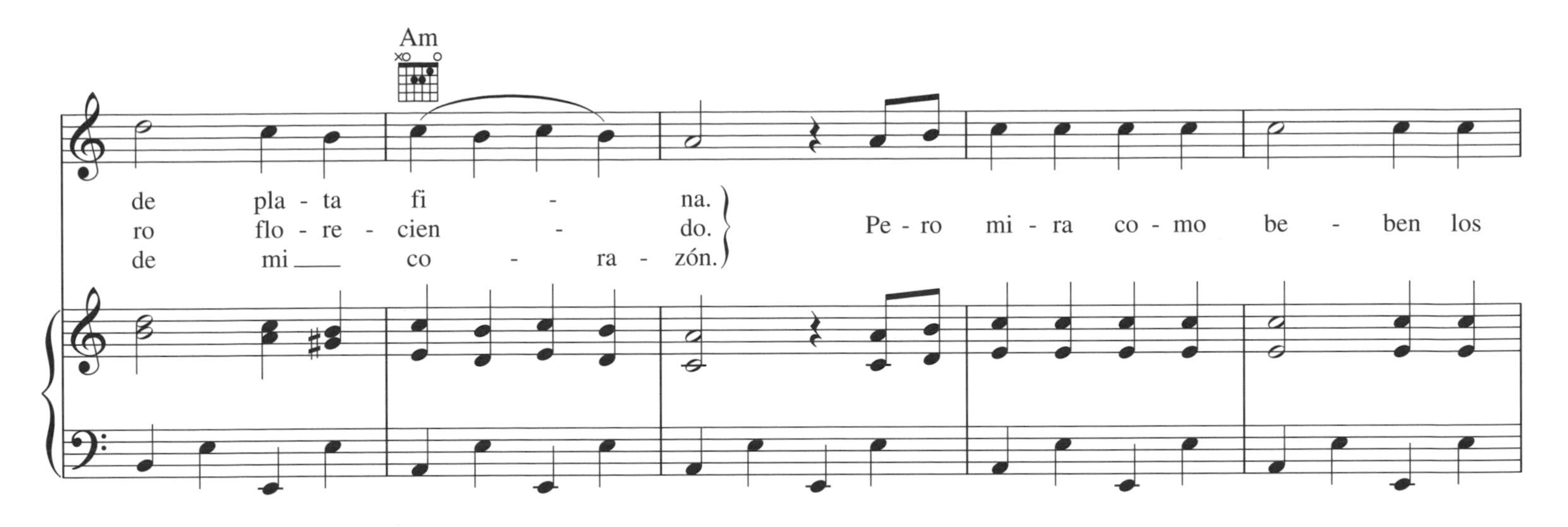
Am
de pla - ta fi - na.
ro flo - re - cien - do.
de mi co - ra - zón.
Pe - ro mi - ra co - mo be - ben los

E7
pe - ces en el rí - o pe - ro mi - ra co - mo be - ben al ver al Dios na -

Am
E7
ci - do. Be - ben y be - ben y vuel - ven a be - ber los

1, 2
Am
3
Am
pe - ces en el rí - o por ver a Dios na - cer.
cer.

MI CANOA

Words and Music by
JULIO TORRES

Moderado-Rápido

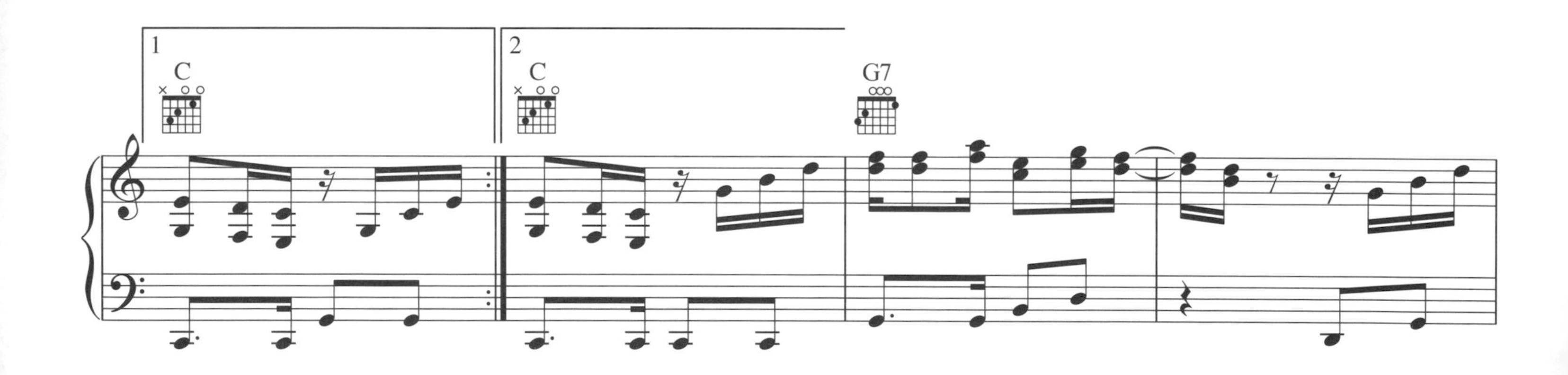

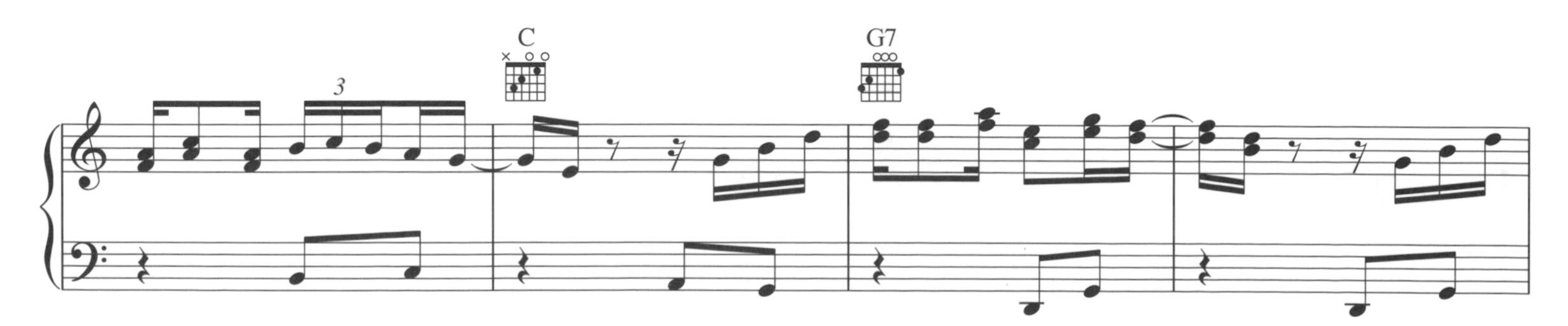

C
3
Yo quie-ro 1.,2. Ma - ye que bai - les es - te pa - sé - o co - mo cuan - do la ca-
3.,4. bo - te yo re - cuer - do a mi ca - no - a cuan - do cru - zo el Mag - da-

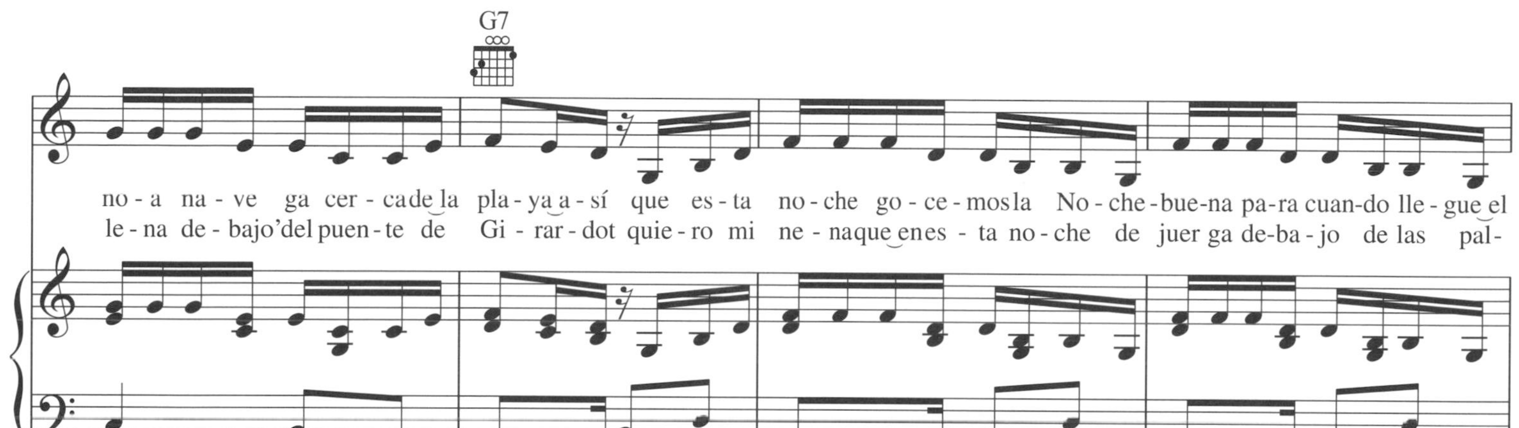
G7
no - a na - ve ga cer - ca de la pla - ya a - sí que es - ta no - che go - ce - mos la No - che - bue - na pa - ra cuan - do lle - gue el
le - na de - bajo'del puen - te de Gi - rar - dot quie - ro mi ne - na que en es - ta no - che de juer ga de - ba - jo de las pal-

1
2
C
C
G7
Ni - ño nos en - cuen - tre jun - ti tos a - sí. Yo quie - ro tos a - sí.
me - ras bien pue - da de - cir - te a tí mi a - mor. Bai lan - do el té mi a - mor.
Va - mo' a go - zar es - ta No - che - bue -

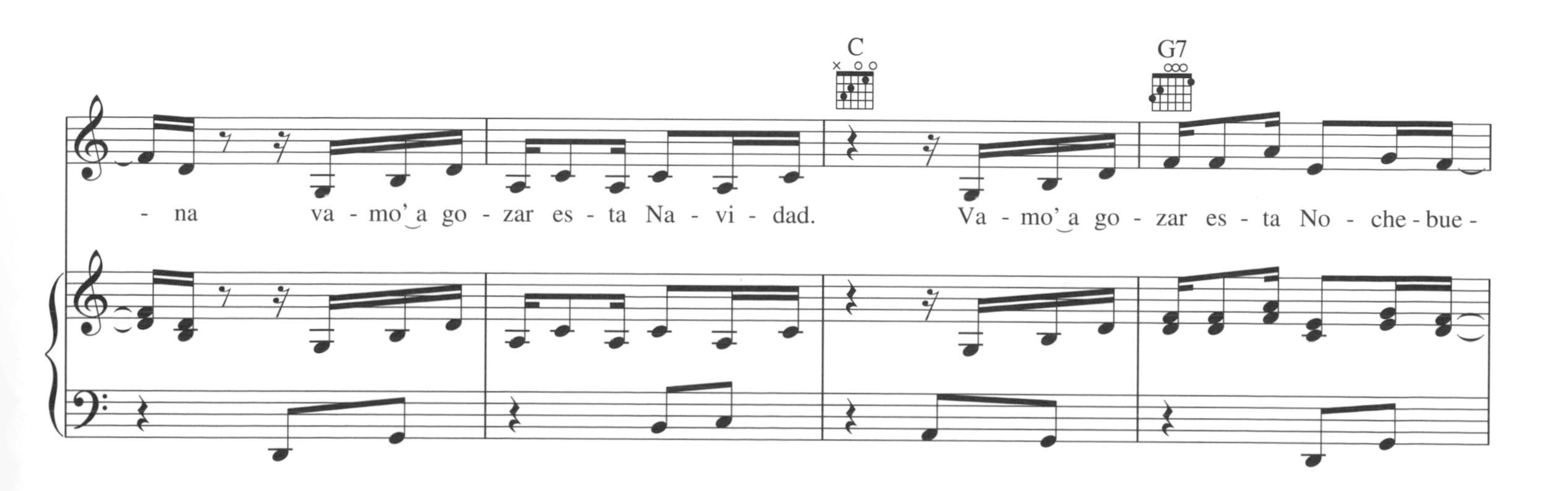
C
G7
- na va - mo' a go - zar es - ta Na - vi - dad. Va - mo' a go - zar es - ta No - che - bue -

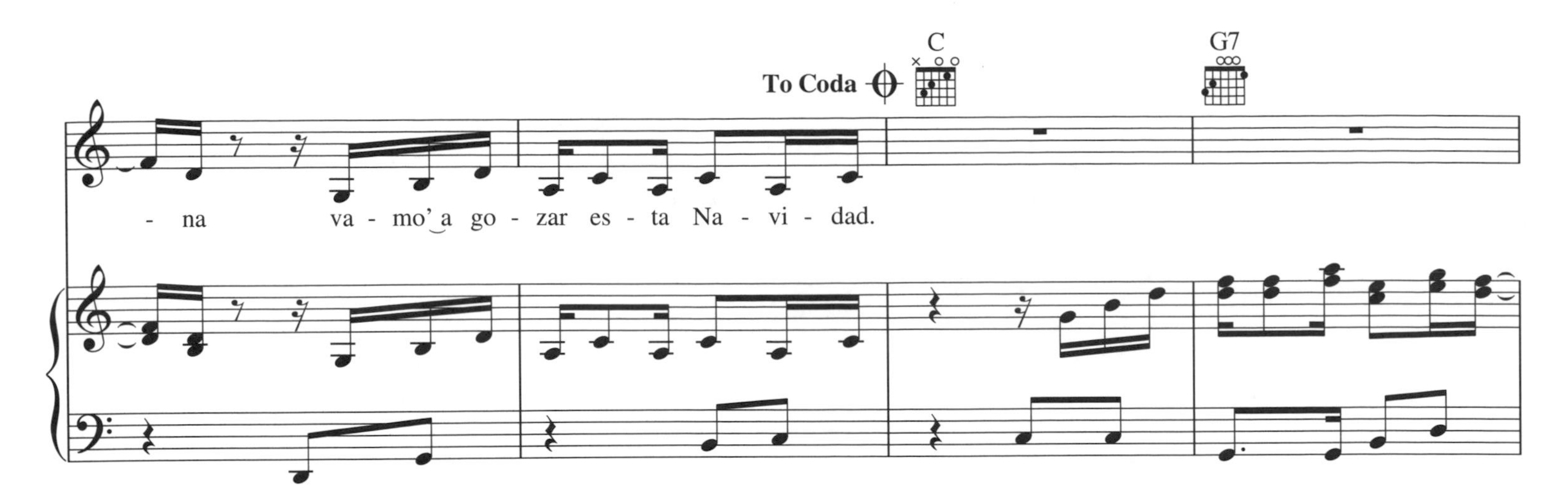
To Coda
C
G7
- na va - mo'‿a go - zar es - ta Na - vi - dad.

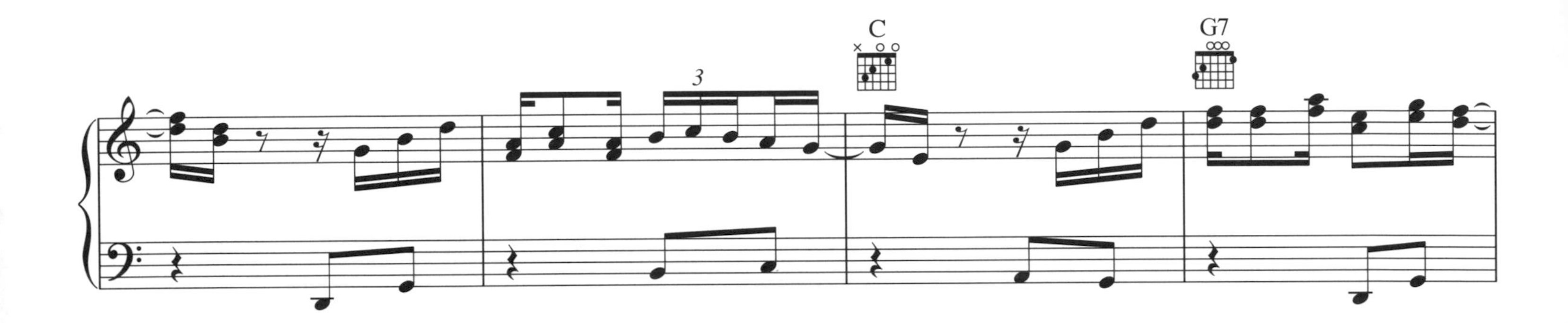
C
G7
3

C
D.S. al Coda
(take 1st ending)
Bai lan - do‿el
3

CODA
C

NAVIDAD EN EL ROCÍO

Words and Music by
JOSÉ M. MALDONADO

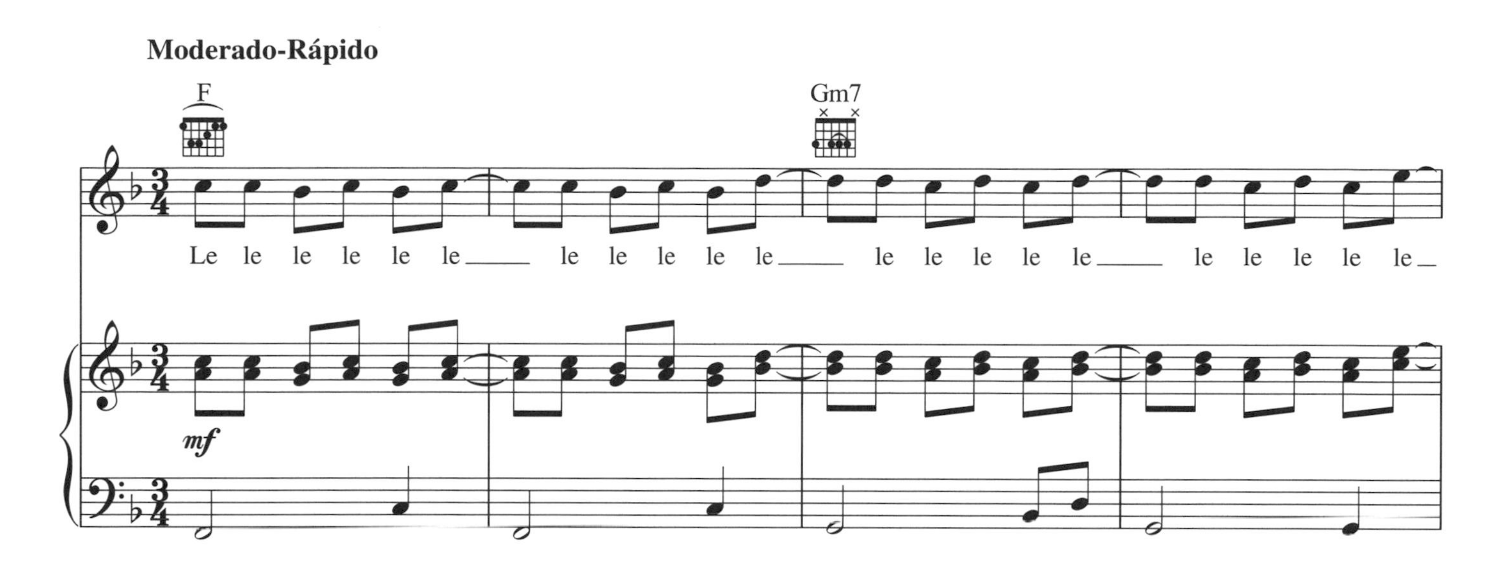

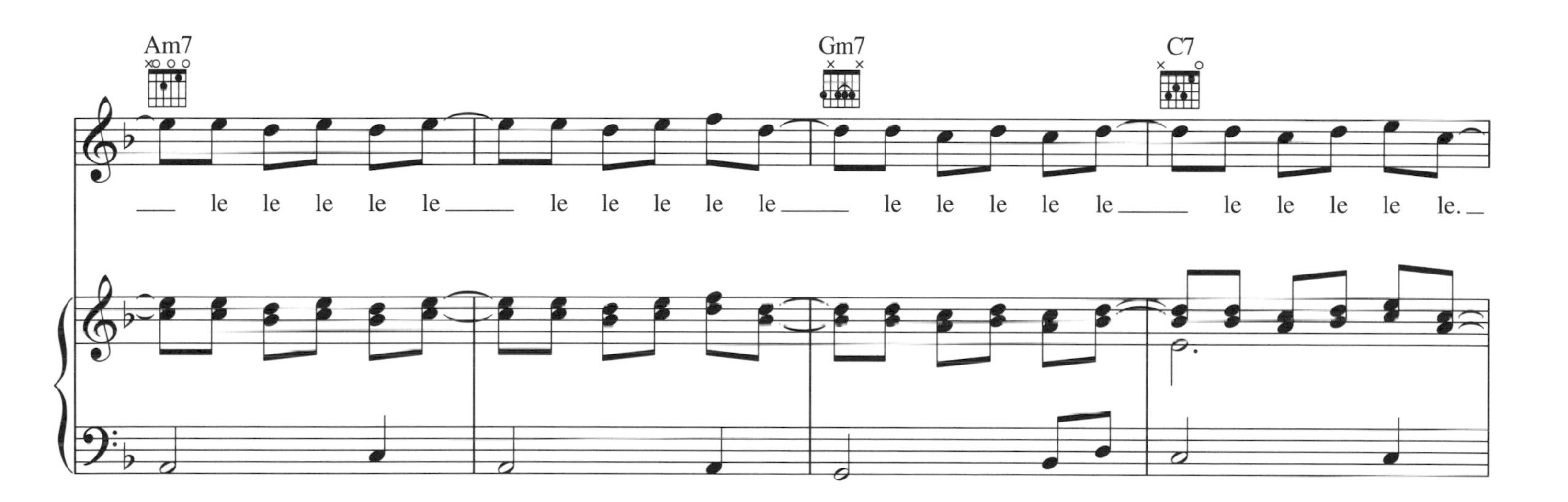

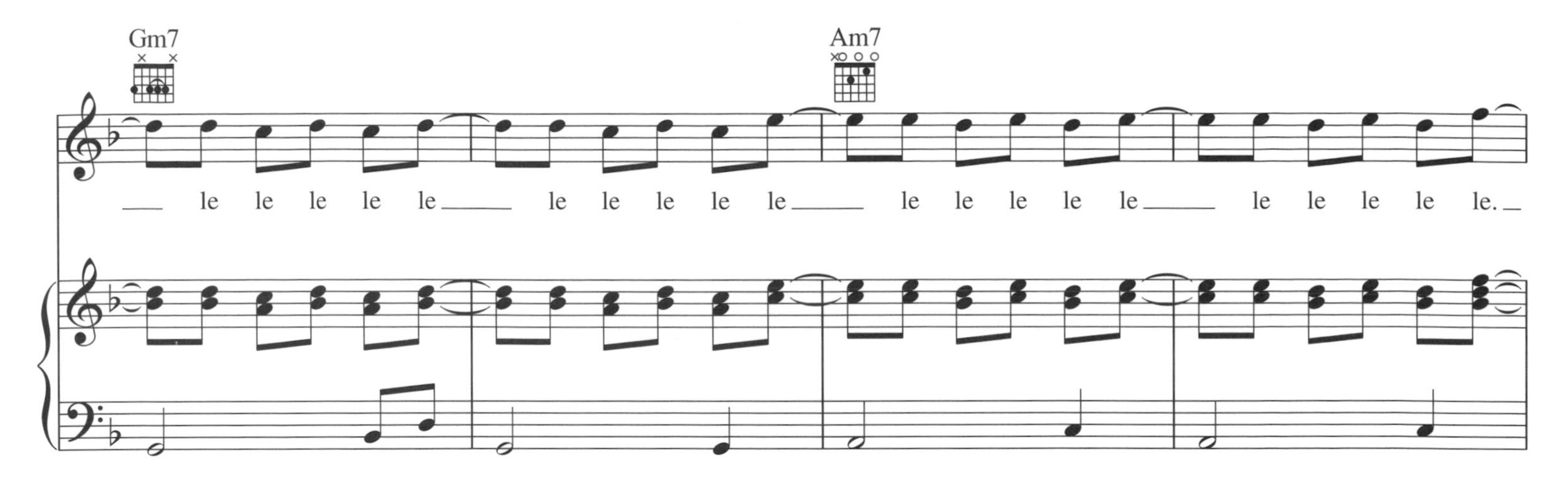
Gm7
Am7
le le le le le le le le le le le le le le le le le le le le.

Gm7
F
Gm7
En el sur nun - ca nie - va por
sur se com - mue - ve de
Busque las letras adicionales.

C7
F
la No - che - bue - na los in - vier - nos pa - re
es - cal o - fri - o que ya es ma - dre la

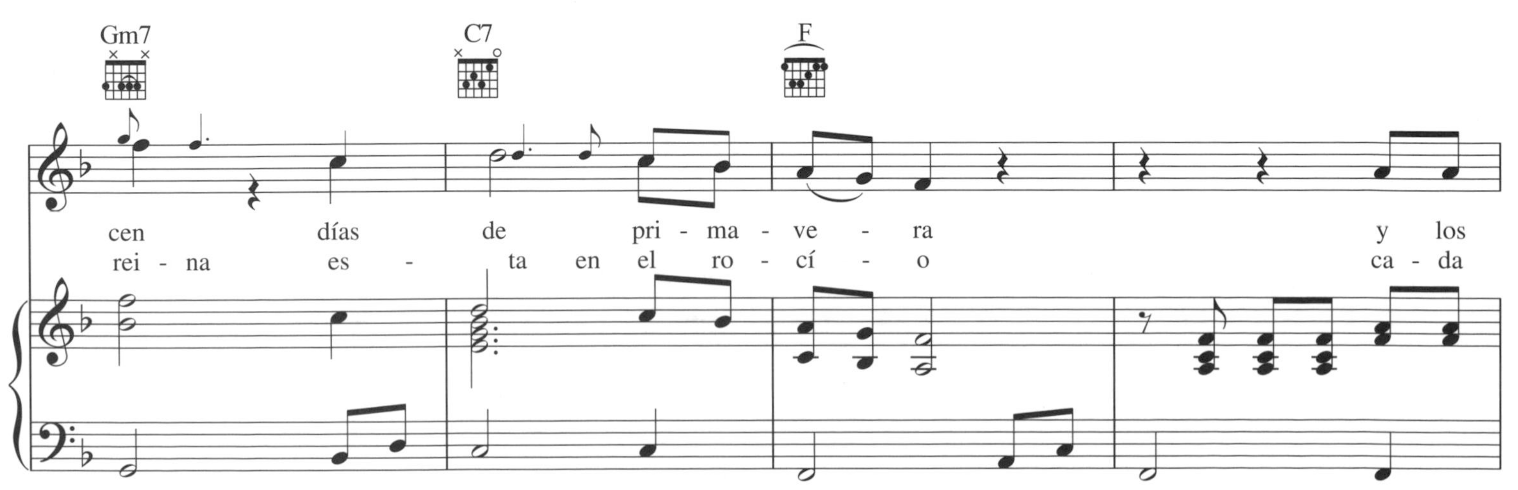
Gm7
C7
F
cen días de pri - ma - ve - ra y los
rei - na es - ta en el ro - cí - o ca - da

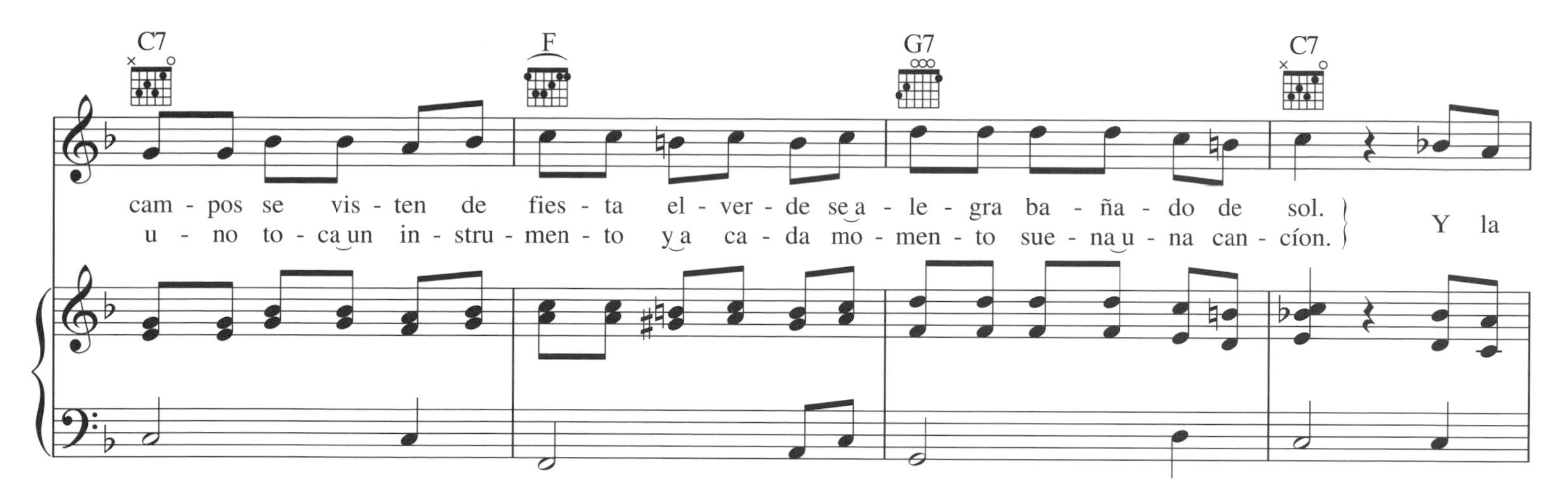
C7
F
G7
C7
cam - pos se vis - ten de fies - ta el - ver - de se a - le - gra ba - ña - do de sol.
u - no to - ca un in - stru - men - to y a ca - da mo - men - to sue - na u - na can - cíon.
Y la

B♭
F
Gm7
F
cau - sa de nues - tra a - le - grí - a es que en an - da - lu - cí - a ha na - ci - do un pas - tor. Y la

B♭
F
C7
1
F
cau - sa de nues - tra a - le - grí - a es que en an - da - lu - cí - a ha na ci - do un pas - tor.

2, 3
F
To - do el tor.

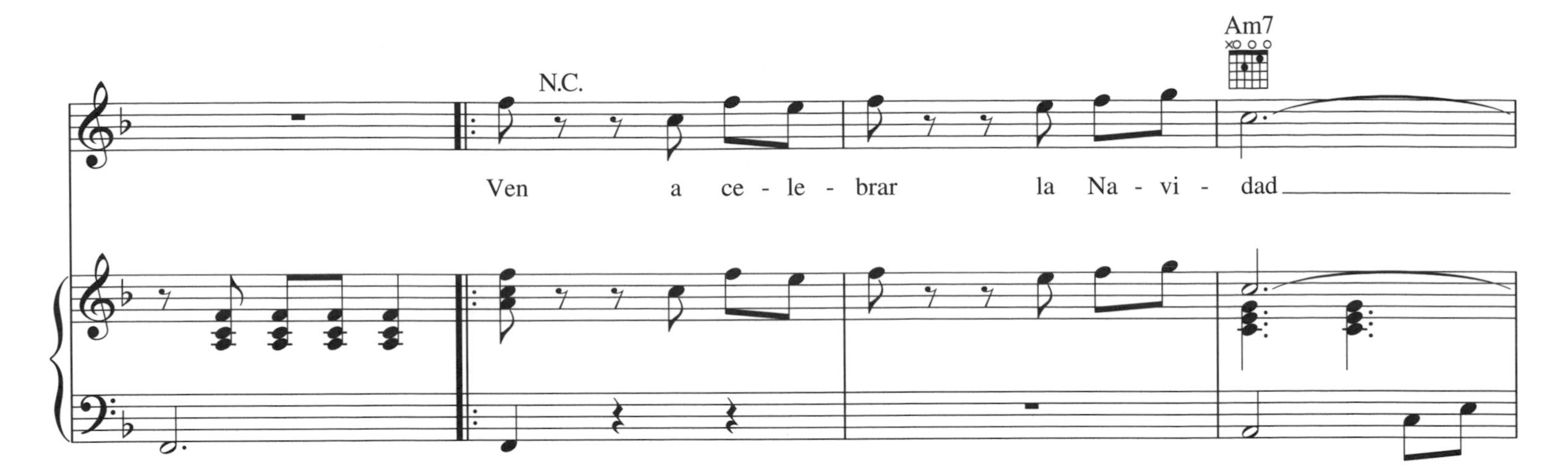
N.C.
Am7
Ven a ce - le - brar la Na - vi - dad

Gm7
C
o - ro y en - tre las es - tre - llas se a - so - ma.

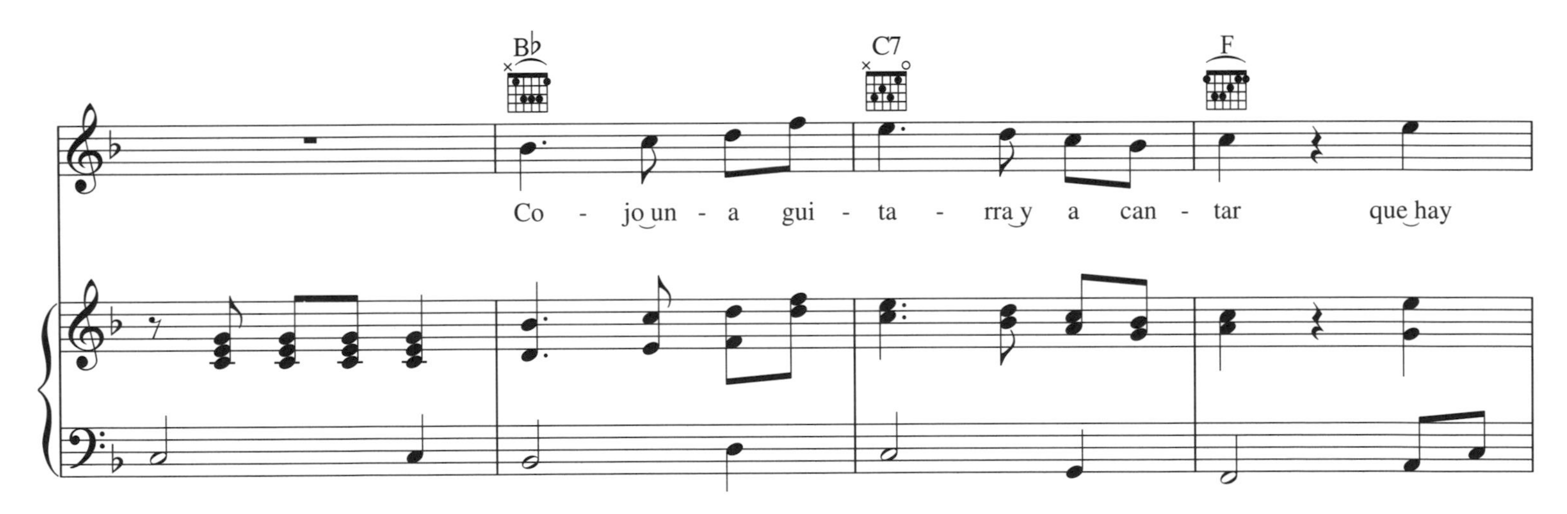
B♭
C7
F
Co - jo un - a gui - ta - rra y a can - tar que hay

1, 3
D7
Gm7
C7
F
que fe - li - ci - tar a la blan - ca pa - lo - ma.

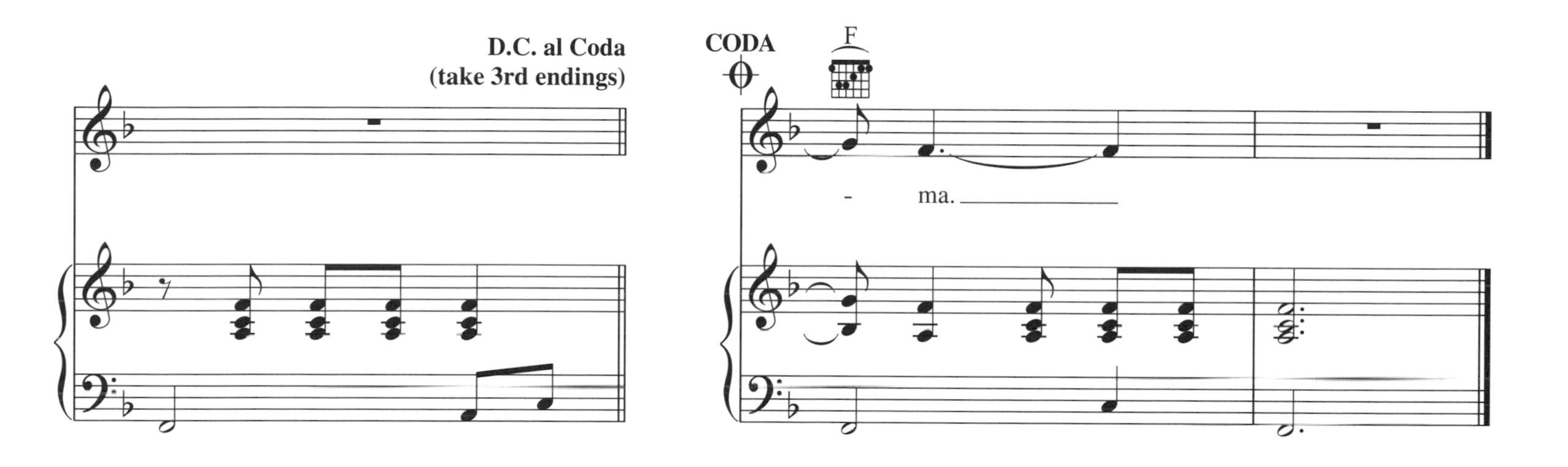

Letras Adicionales

Hay un niño que aprende a tocar su plegaria
A una mano un tambor y en la otra una flauta
Este niño un campanillero un niñoromero sera de mayor
Cuando haga al camino mañana y suenen una selve de amor
Cuando haga al camino mañana y suenen una selve de amor

NOCHE DE PAZ

Traditional

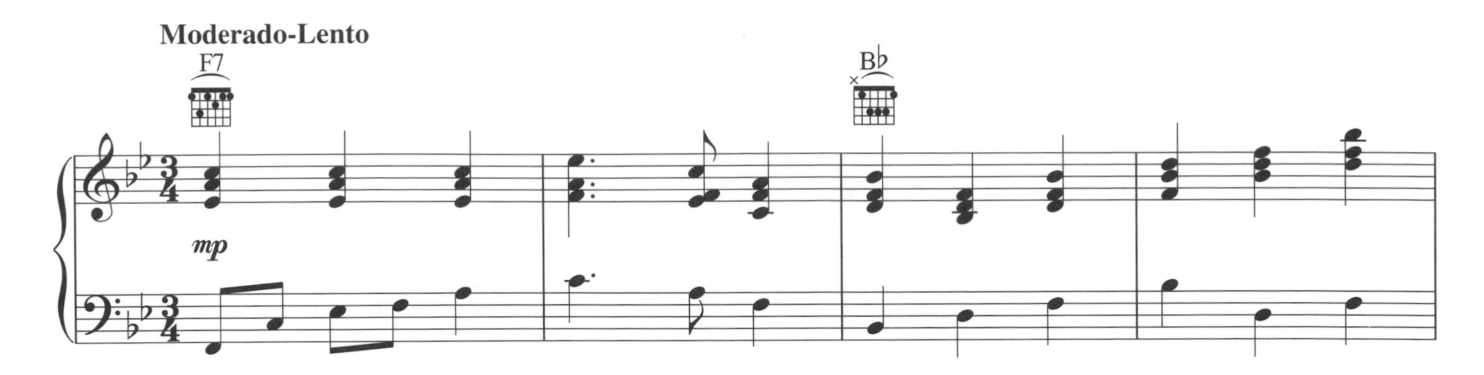

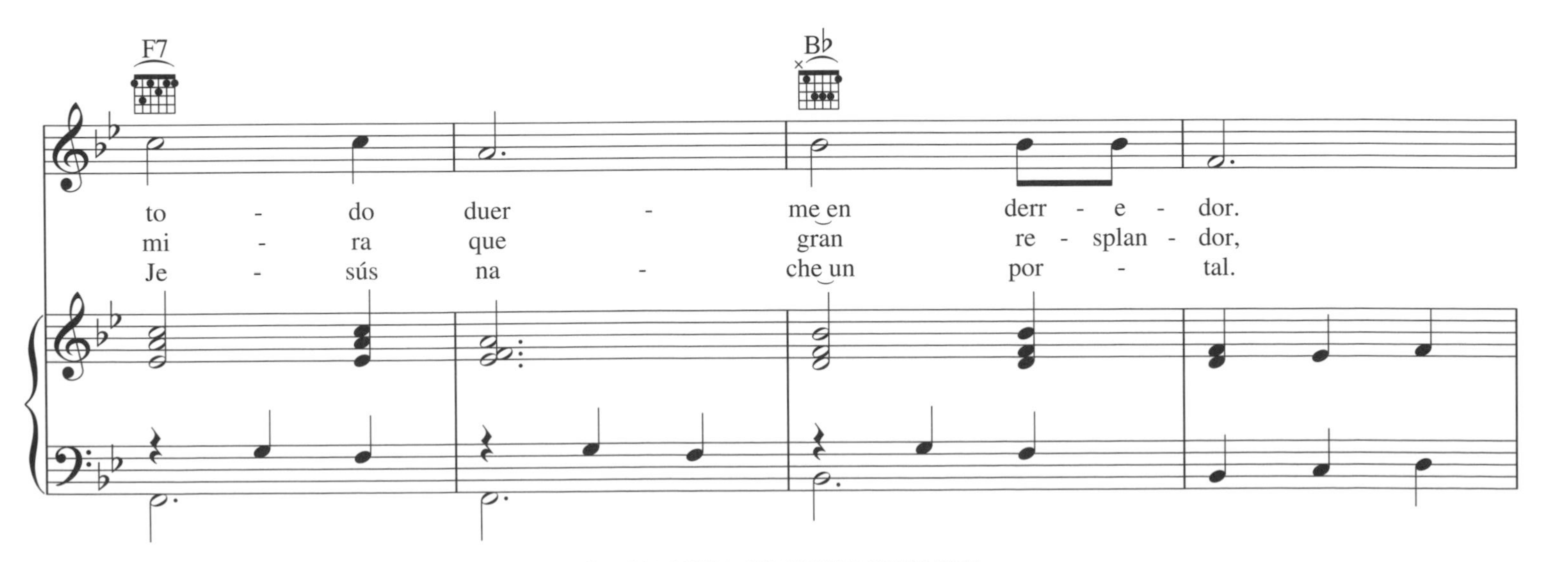

E♭
3fr
B♭
En - tre les as - tros que e - spar - cen su luz,
lu - ce en el ro - stro del Ni - ño Je - sús,
Lle - na la tie - rra la paz del Se - ñor,

E♭
3fr
B♭
F7
be - lla, a - nun - cian - do al ni - ñi - to Je - sús, bri - lla la e -
en el pe - se - bre del mun - do la luz, bri - lla la e -
Lle - na las al - mas la gra - cia de Dios, por - que na -

B♭
B♭/F
stra - lla de paz, bri - lla la e -
stra - lla de paz, bri - lla la e -
ció el Re - den - tor, por - que na -

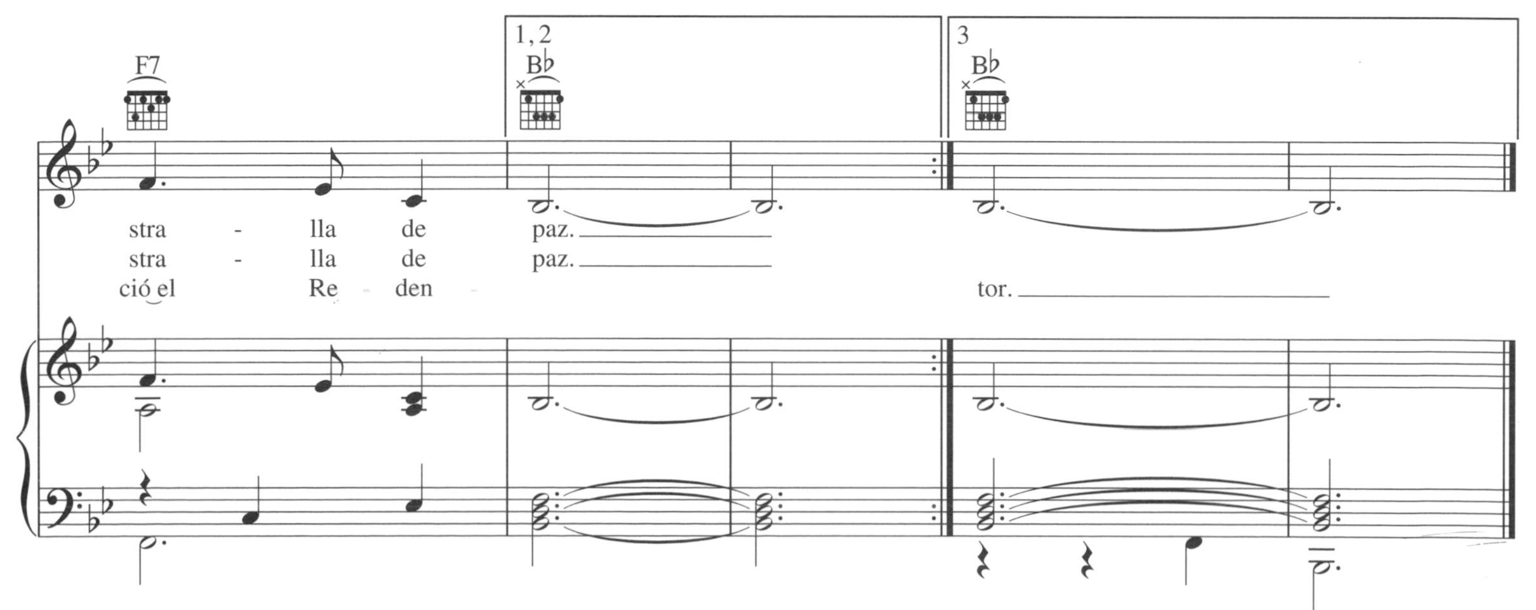
F7
1, 2
B♭
3
B♭
stra - lla de paz.
stra - lla de paz.
ció el Re - den tor.

PAZ EN NAVIDAD

Words and Music by
MARIO ECHEVERRY PAZ

E
va - mos a can - tar - le to - dos glo - ria.

Am
G
Ya lle - gó el mes de la Na - vi - dad

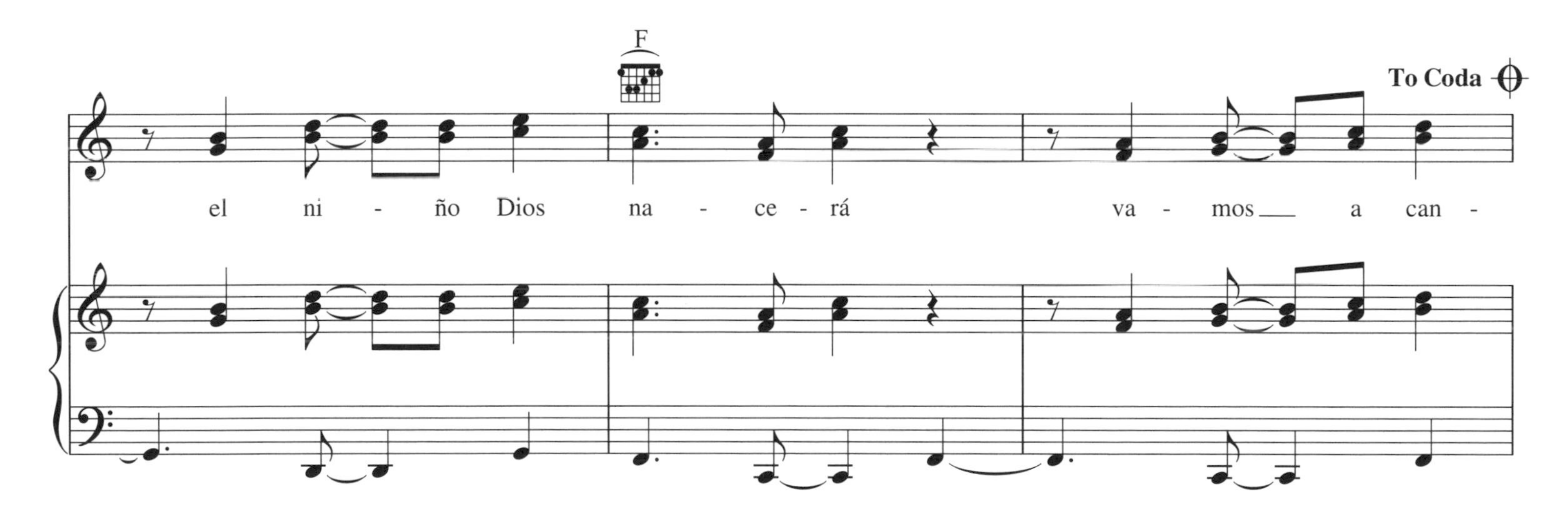
F
To Coda
el ni - ño Dios na - ce - rá va - mos a can -

E
Am
tar - le to - dos glo - ria.
Un ni - ño hu - mil - de ha na - ci -
Ya lle - go la Na - vi - dad

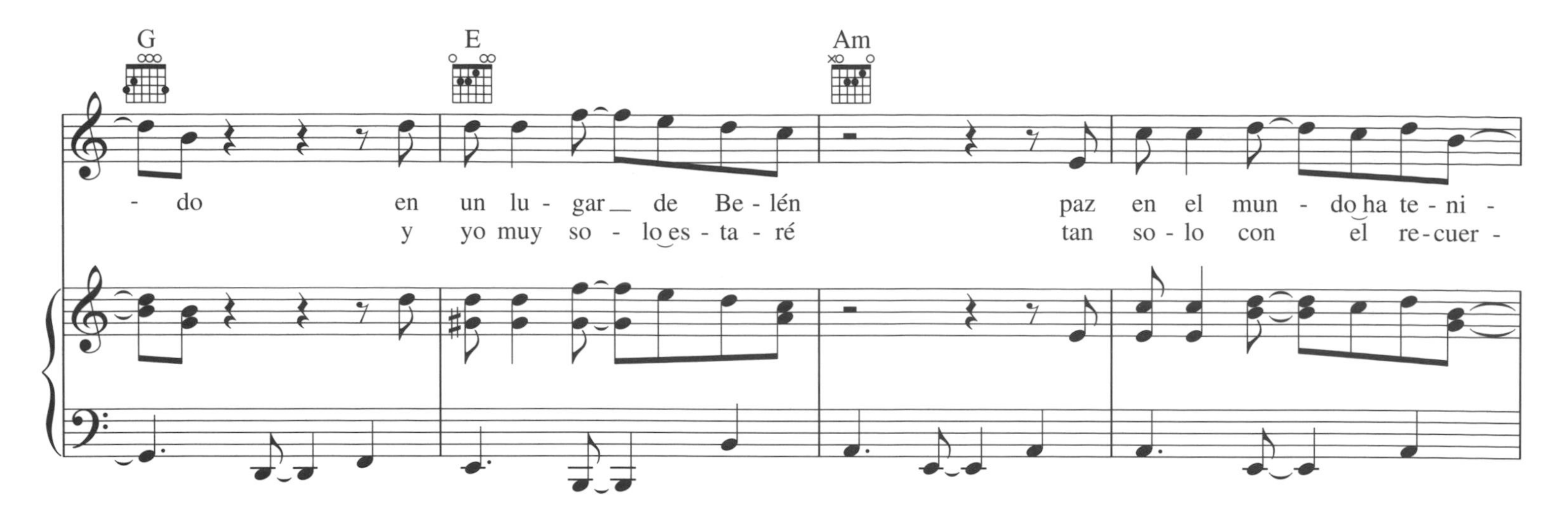
G
E
Am
- do en un lu - gar de Be - lén paz en el mun - do ha te - ni -
y yo muy so - lo es - ta - ré tan so - lo con el re - cuer -

G
E
Am
- do al ni - ño ha - ce del bien. El
- do de a - que - lla mu - jer que a - mé. Só -

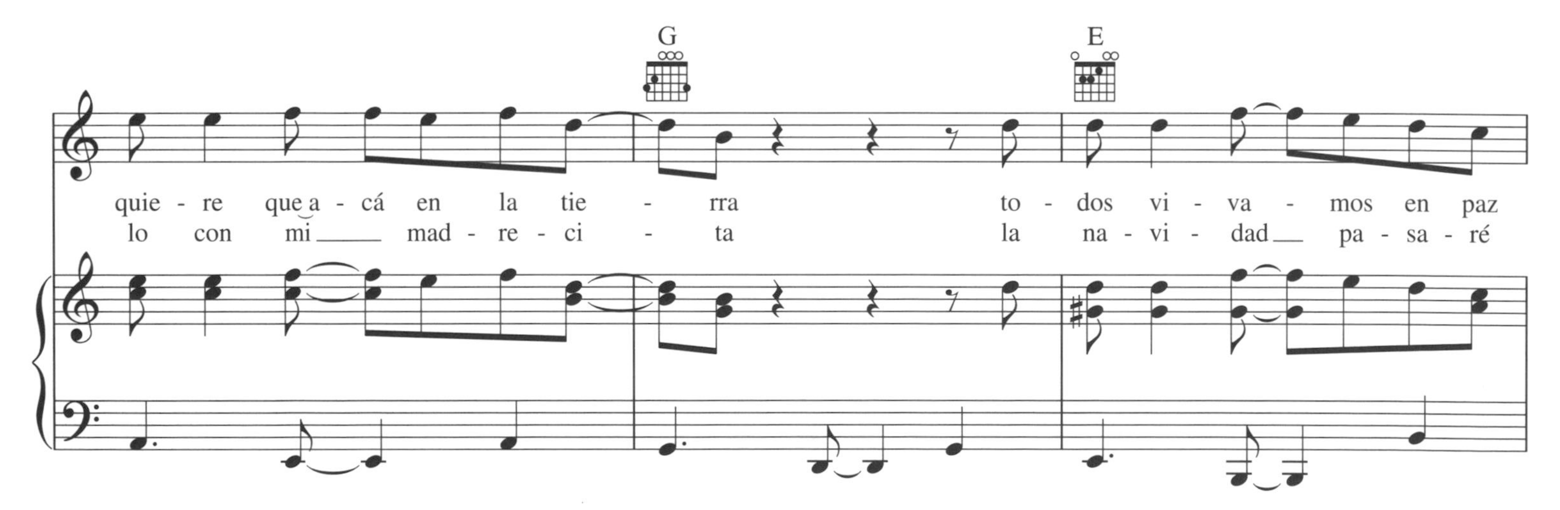
G
E
quie - re que a - cá en la tie - rra to - dos vi - va - mos en paz
lo con mi mad - re - ci - ta la na - vi - dad pa - sa - ré

Am
G
que no ex - is - tan más las gue - rras que
qué bue - no que es te - ner ma - dre ma -

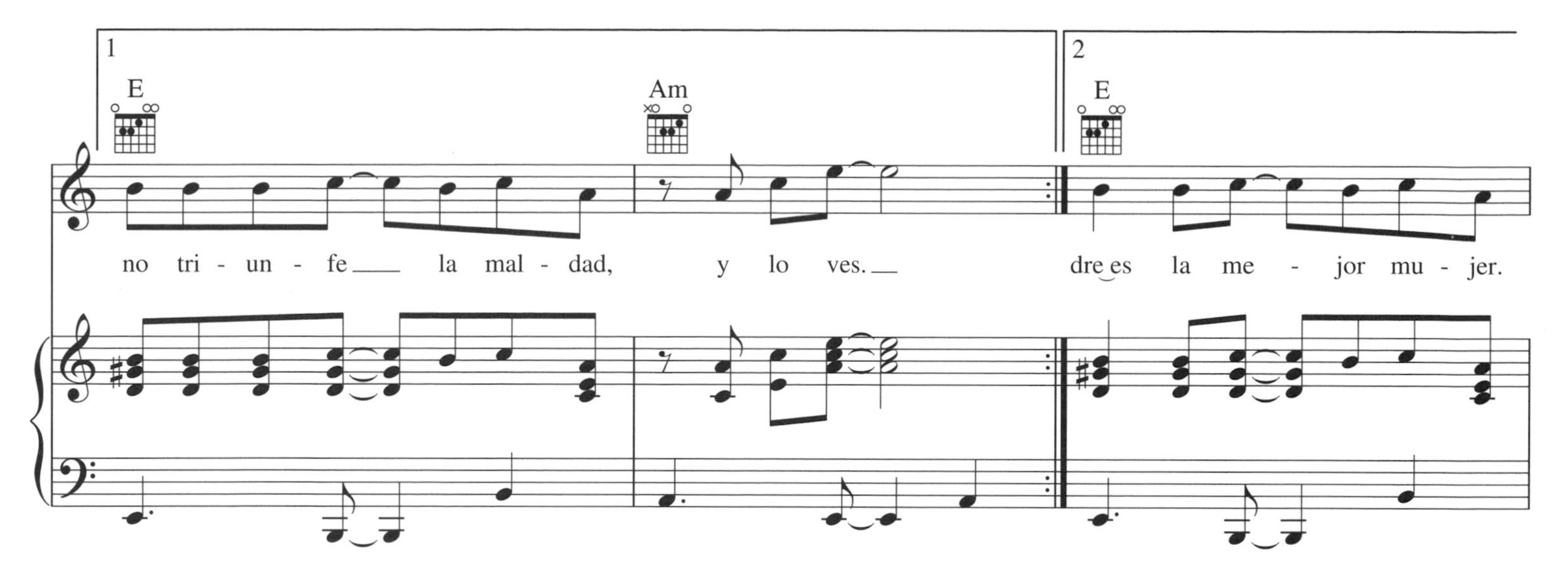
1
E
Am
2
E
no tri - un - fe la mal - dad, y lo ves.
dre es la me - jor mu - jer.

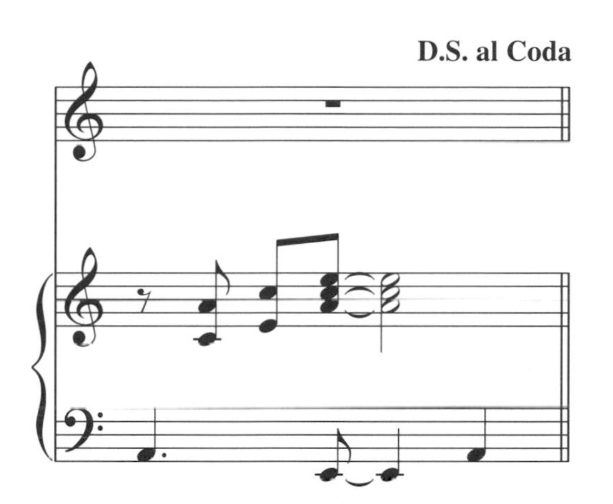
D.S. al Coda

CODA
E
tar - le to - dos glo - ria.

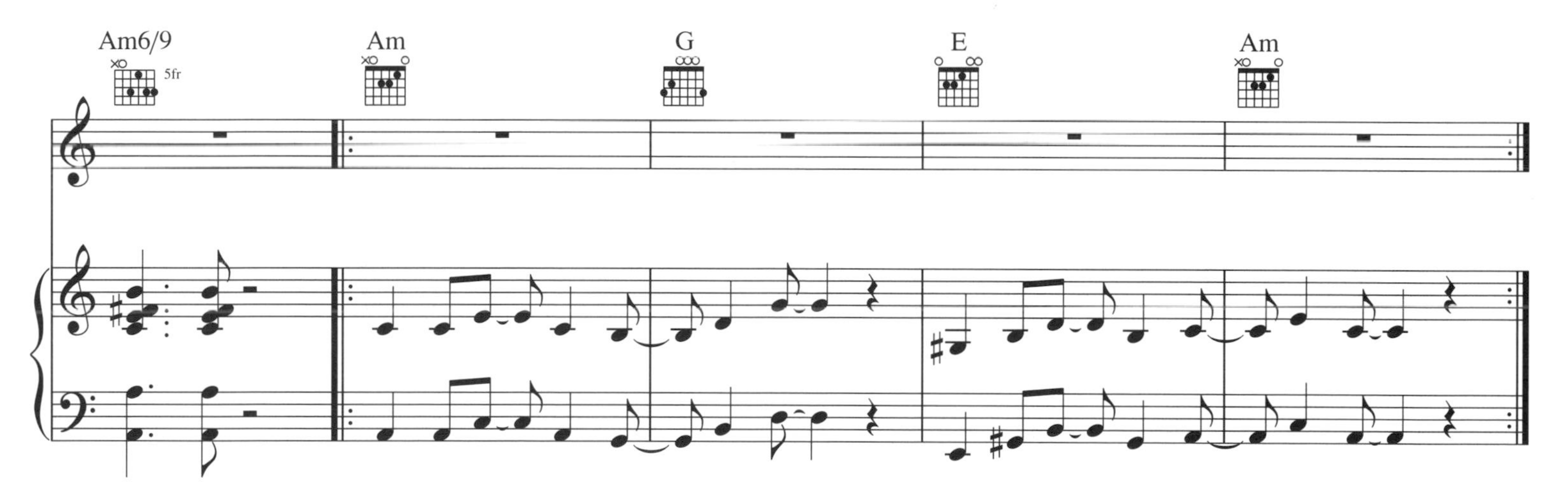
Am6/9
5fr
Am
G
E
Am

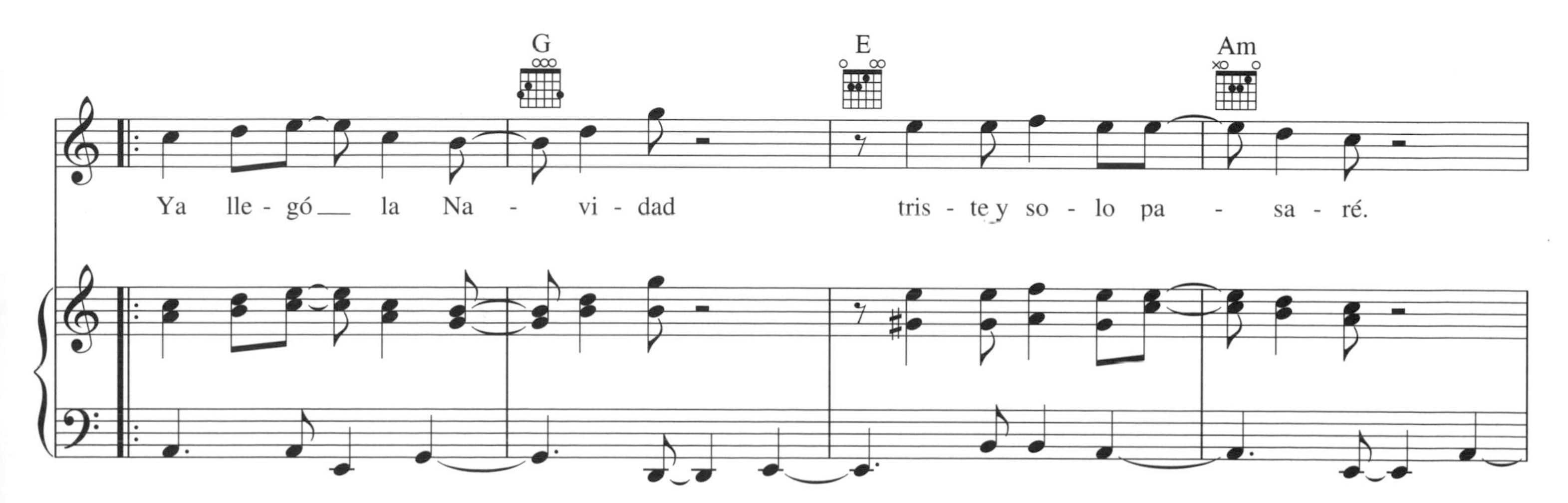
G
E
Am
Ya lle - gó la Na - vi - dad tris - te y so - lo pa - sa - ré.

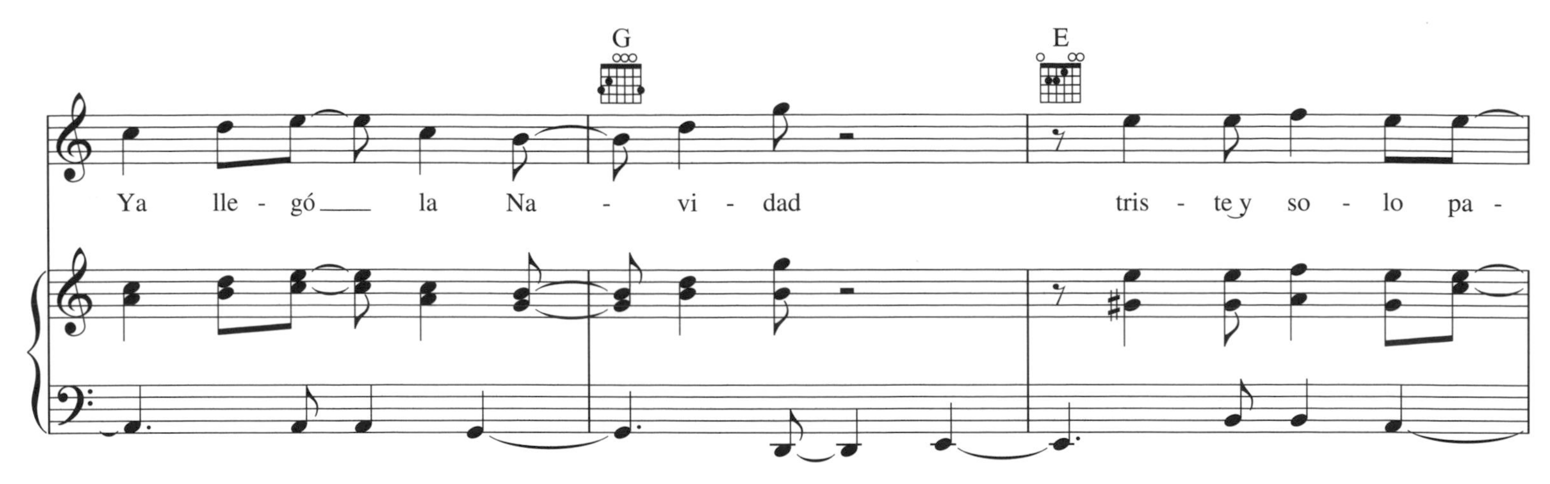
G
E
Ya lle - gó la Na - vi - dad tris - te y so - lo pa -

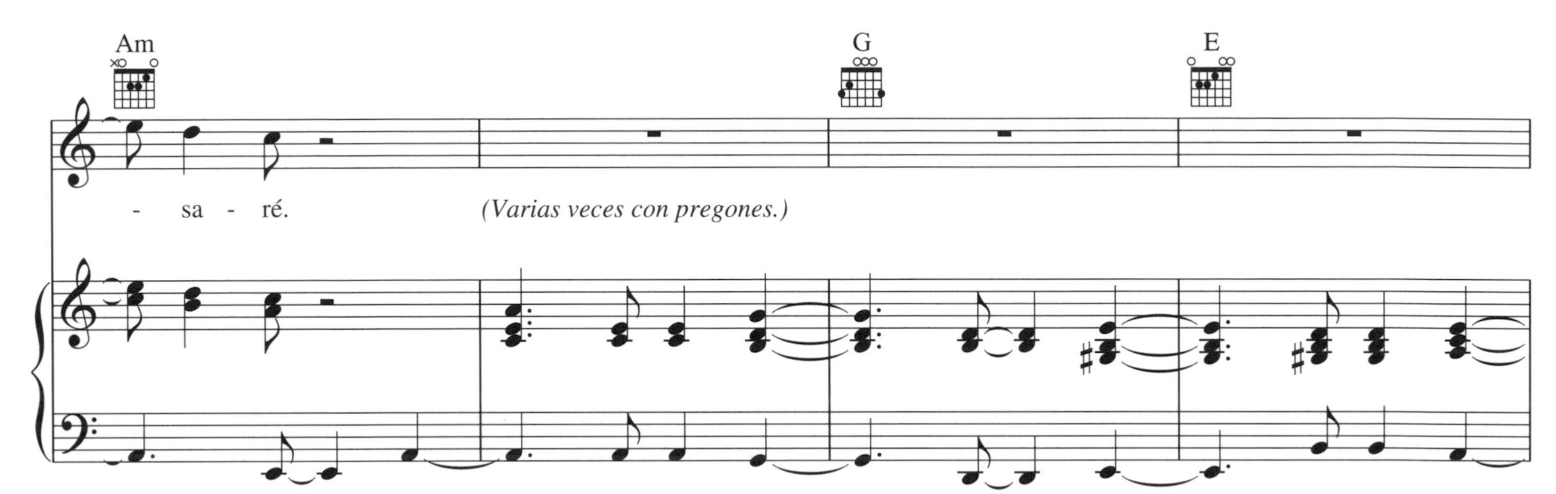
Am
G
E
- sa - ré.
(Varias veces con pregones.)

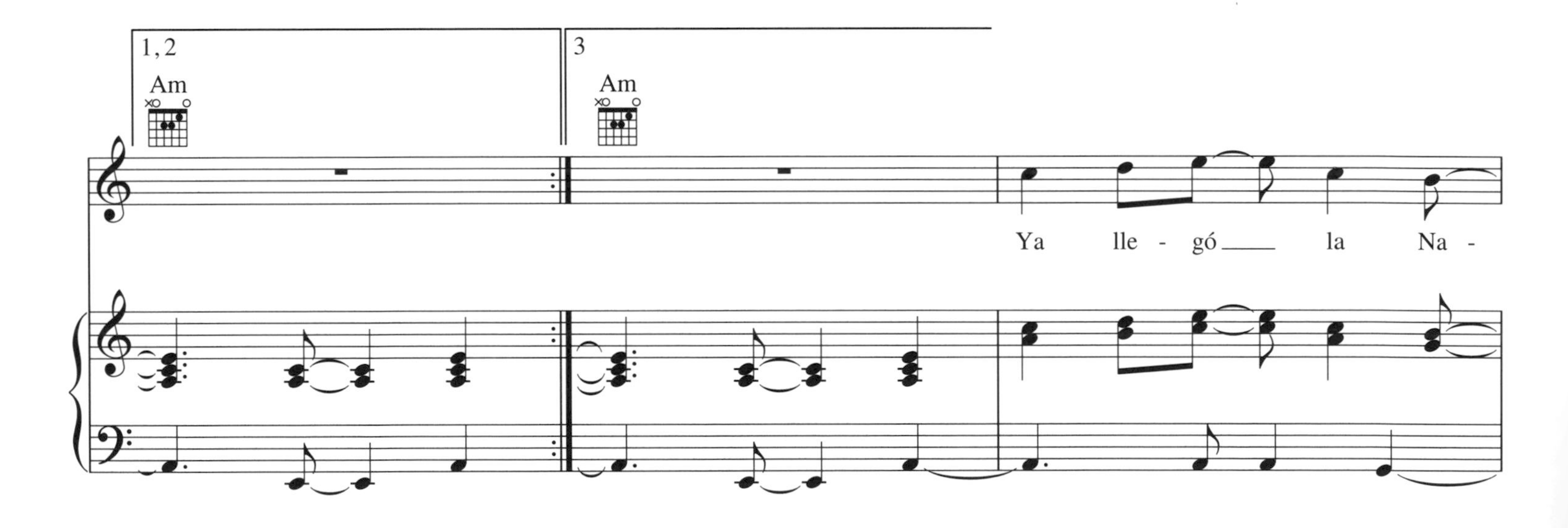
1, 2
3
Am
Am
Ya lle - gó la Na -

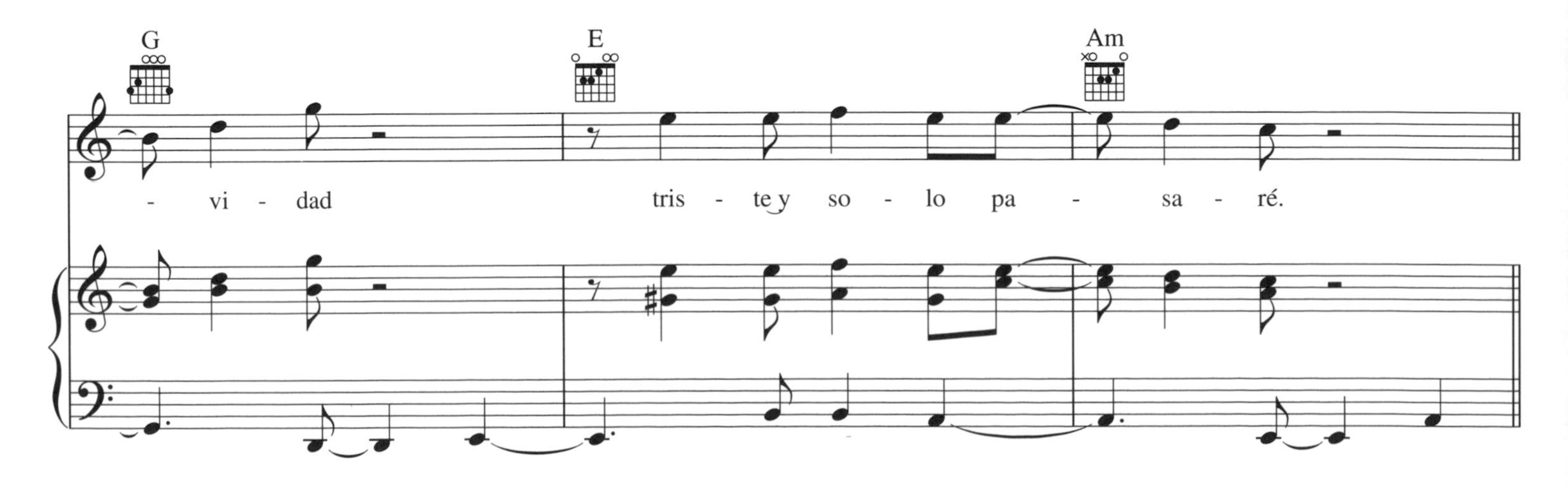
G
E
Am
- vi - dad tris - te y so - lo pa - sa - ré.

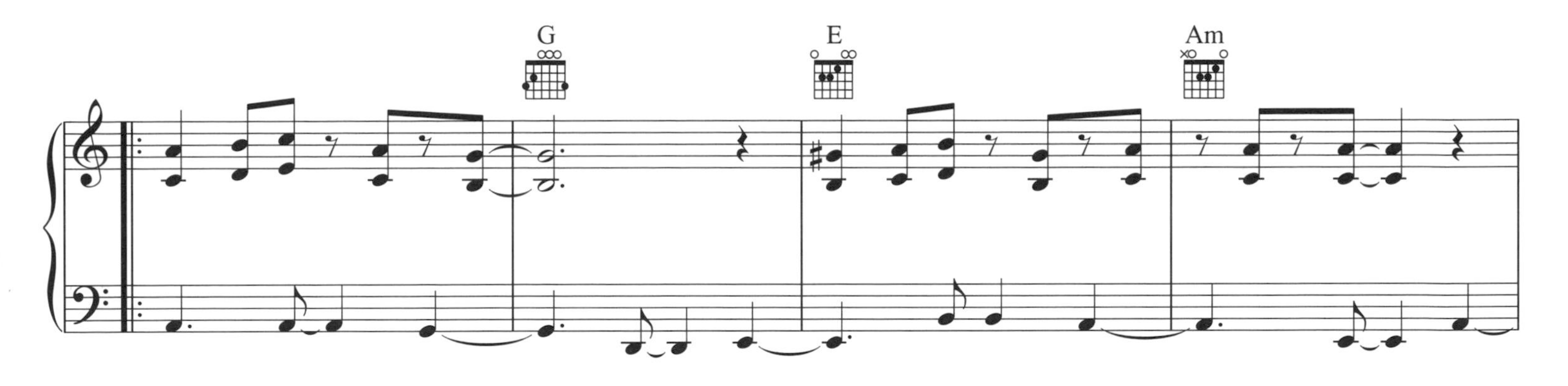
G
E
Am

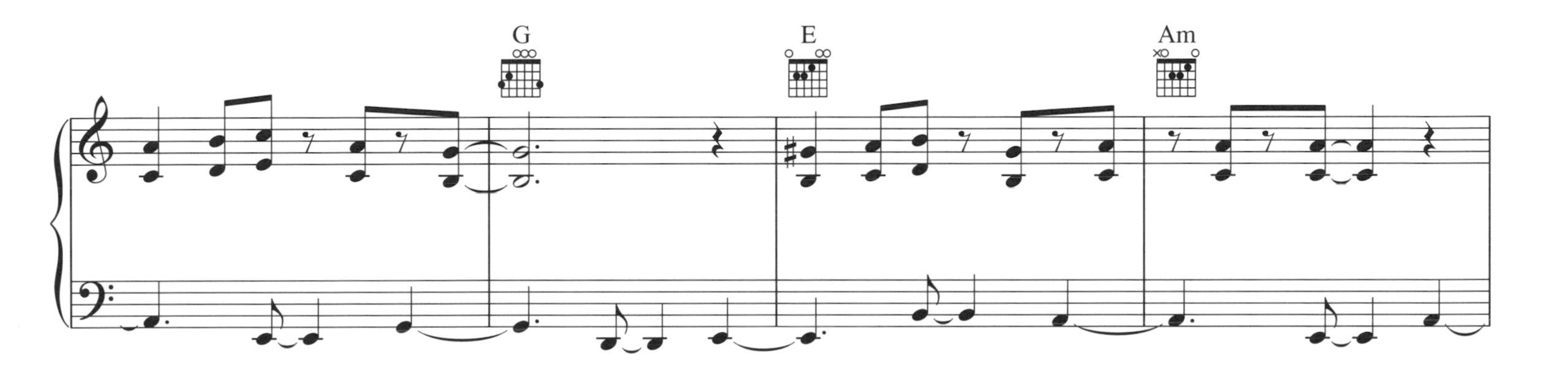
G
E
Am

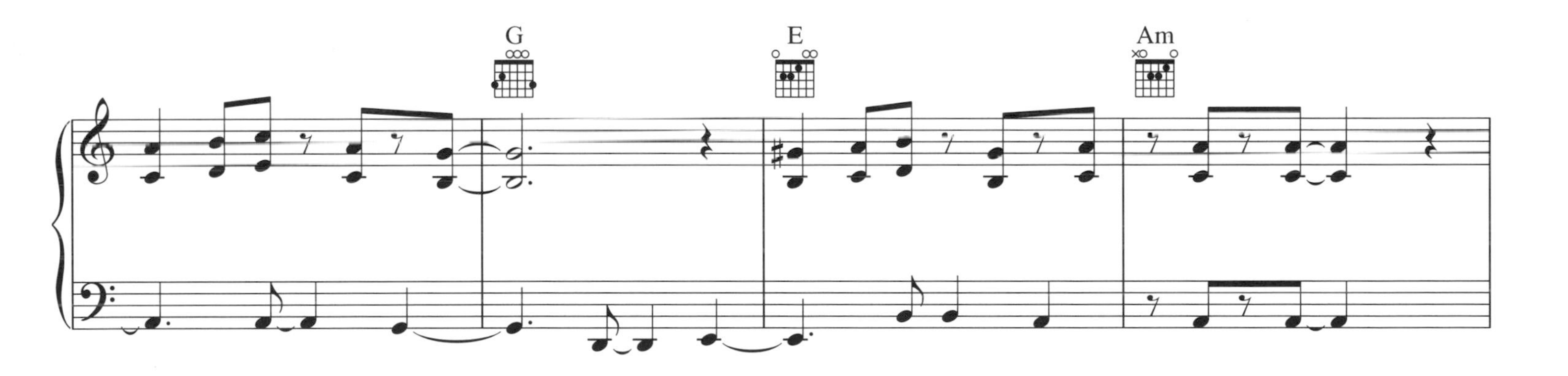
G
E
Am

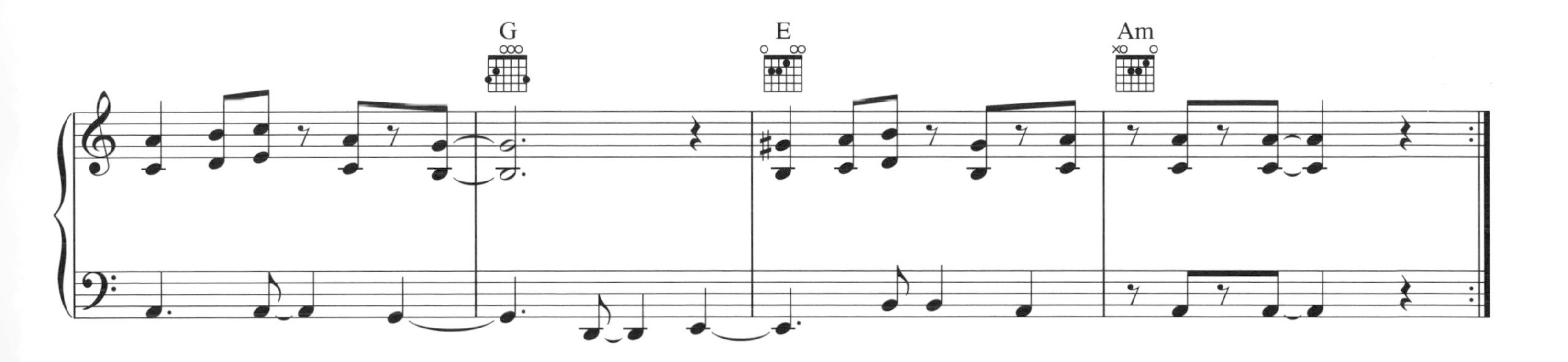
G
E
Am

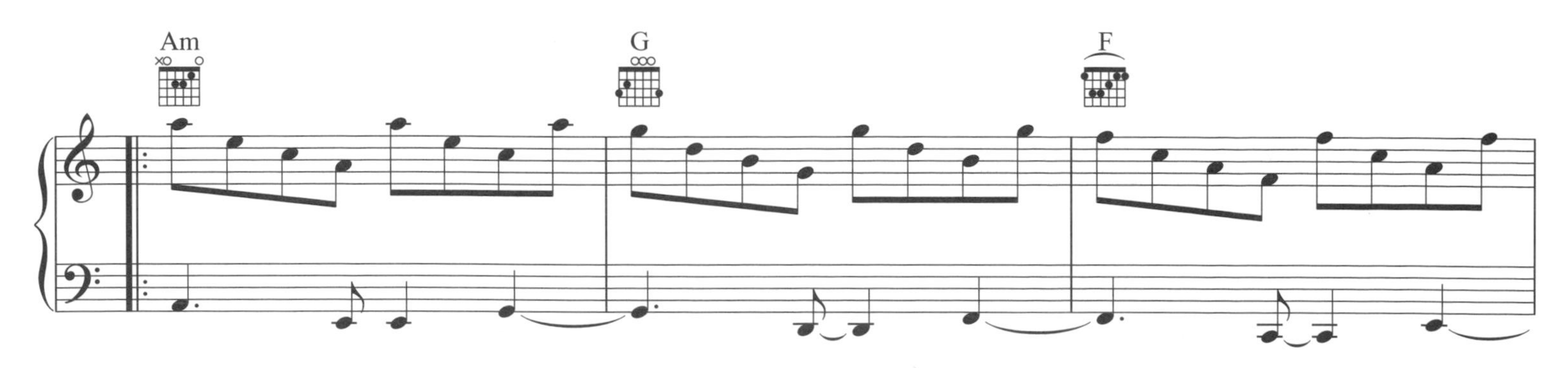
Am
G
F

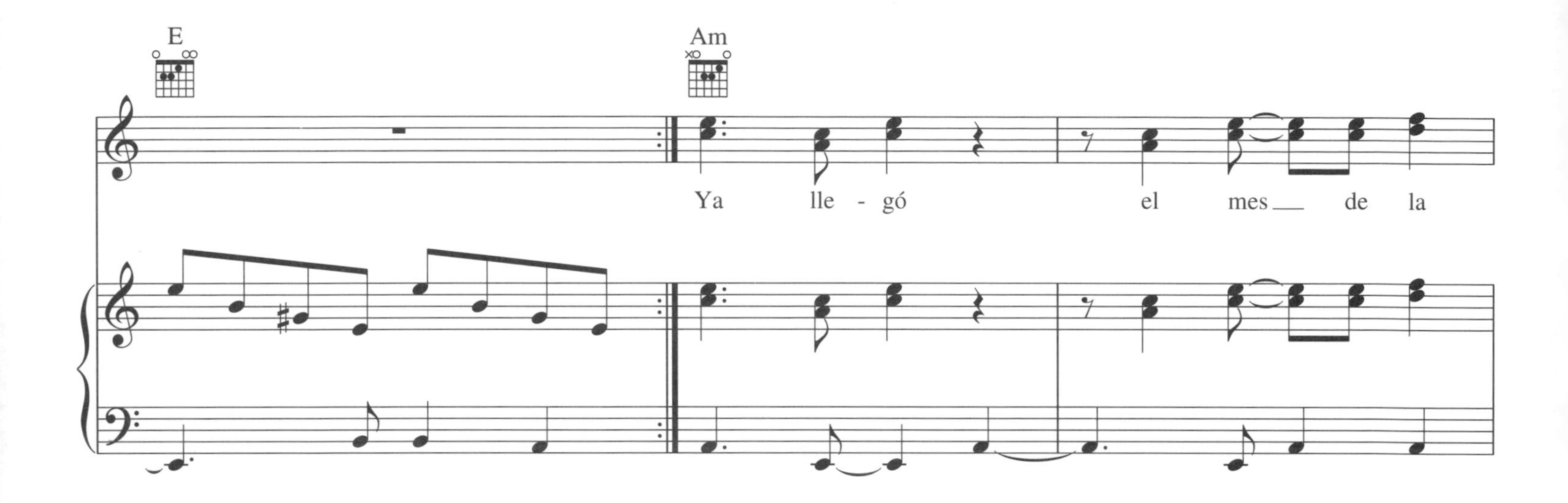
E
Am
Ya lle - gó el mes de la

G
F
Na - vi - dad el ni - ño Dios na - ce - rá

E
va - mos a can - tar - le to - das glo - ria.

Am
G
Ya lle - gó el mes de la Na - vi - dad

F
el ni - ño Dios na - ce - rá va - mos a can -

E
E7♭9
Am6/9
5fr
tar - le to - das glo - ria.

TRISTE NAVIDAD

Words and Music by
RAFAEL HERNÁNDEZ

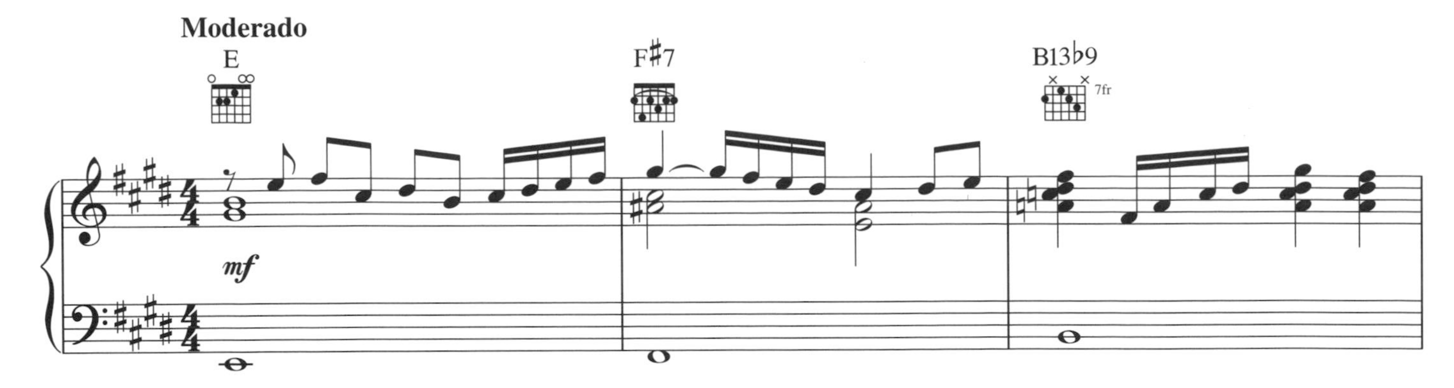

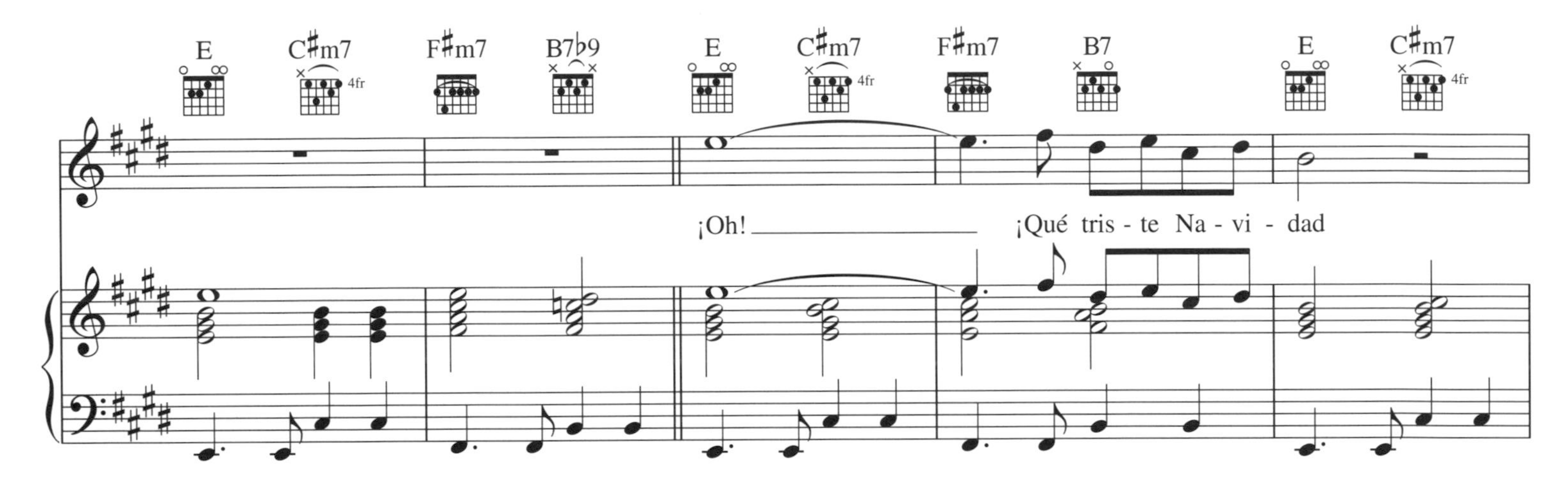

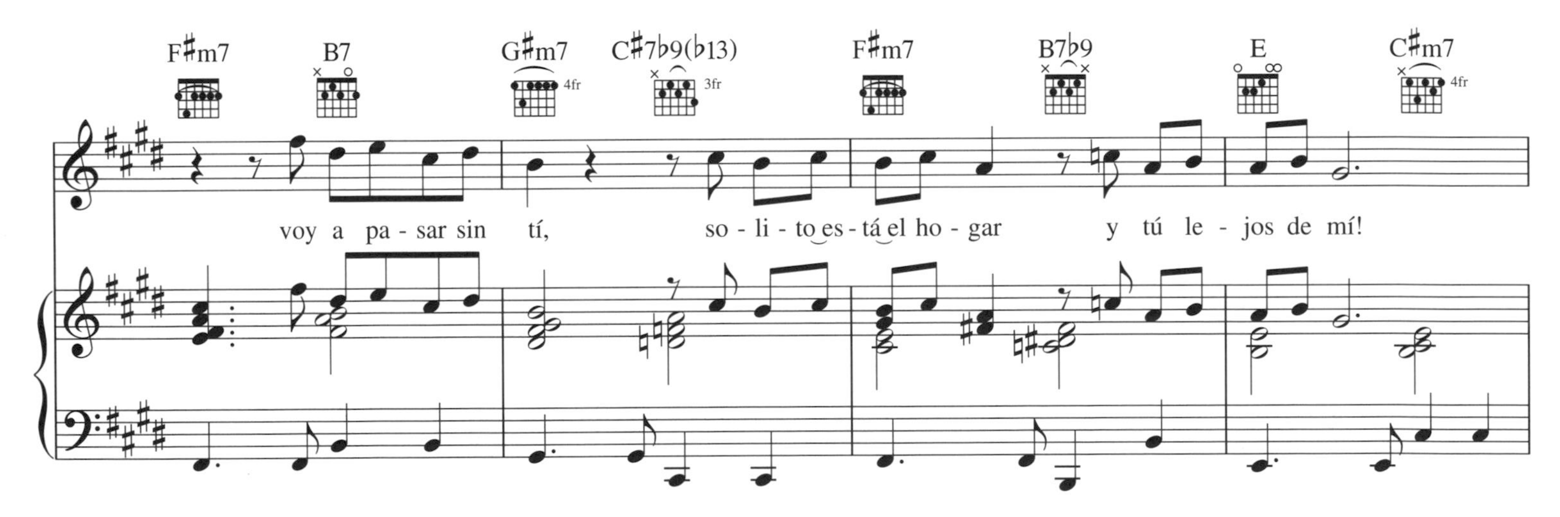

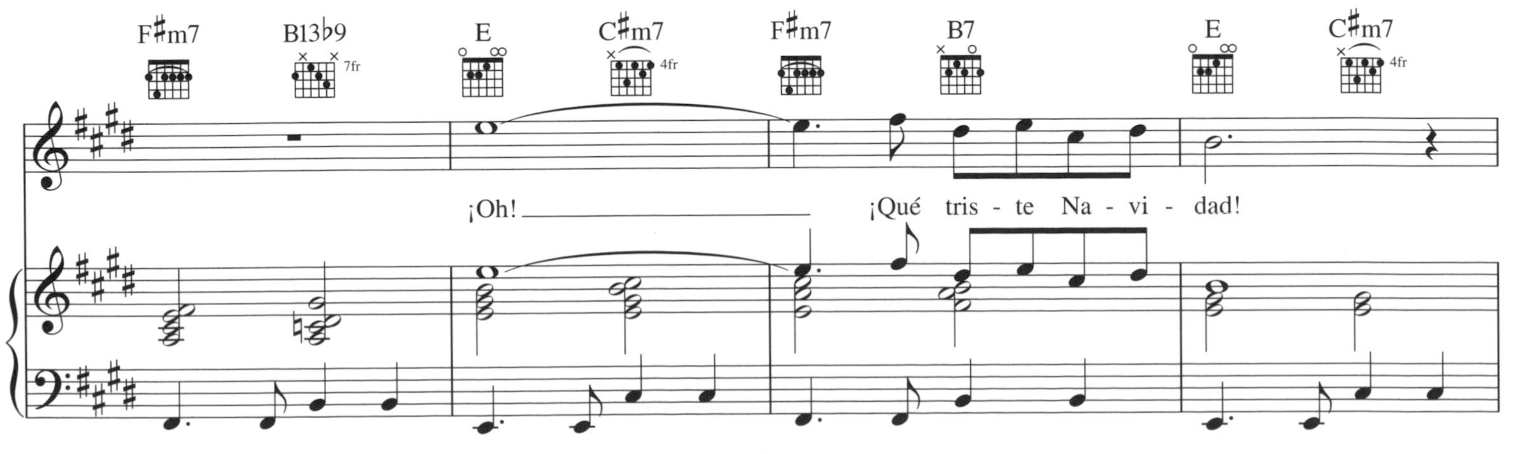

F♯m7 B7 G♯m7 C♯7♭9(♭13) F♯m7 B7♭9 Emaj7
4fr
3fr
3
¿Don - de es - ta - rá mi a - mor es - ta nó - che de paz de nues - tro Re - den - tor?
3

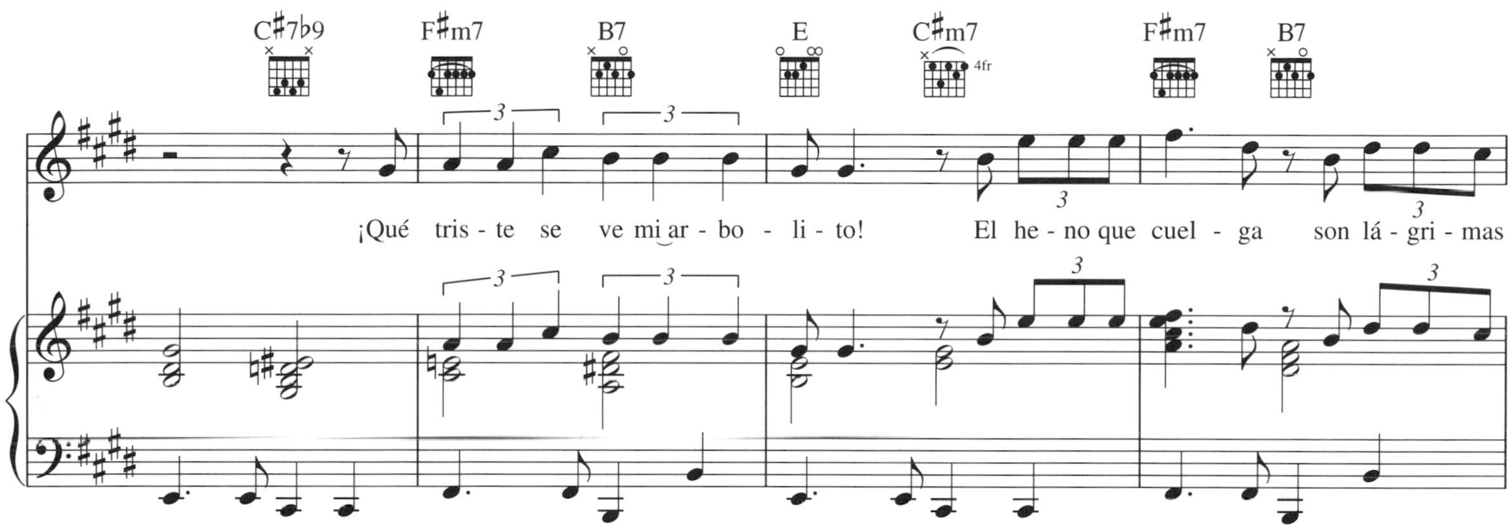
C♯7♭9 F♯m7 B7 E C♯m7 F♯m7 B7
4fr
3 3 3
¡Qué tris - te se ve mi ar - bo - li - to! El he - no que cuel - ga son lá - gri - mas
3 3 3 3

E F♯m7 B13♭9 Emaj7 C♯m7 A♯dim D♯7
4fr
3
tris - tes. Y llo - ra por - que tú te fuis - te y jun - tos llo - ra - mos
3
A♯dim D♯7 G♯m7 Gm7 F♯m7 B7♭9 E C♯m7 F♯m7 B7
4fr 4fr
3
nues - tra so - le - dad. ¡Oh! ¡Qué tris - te Na - vi -
3

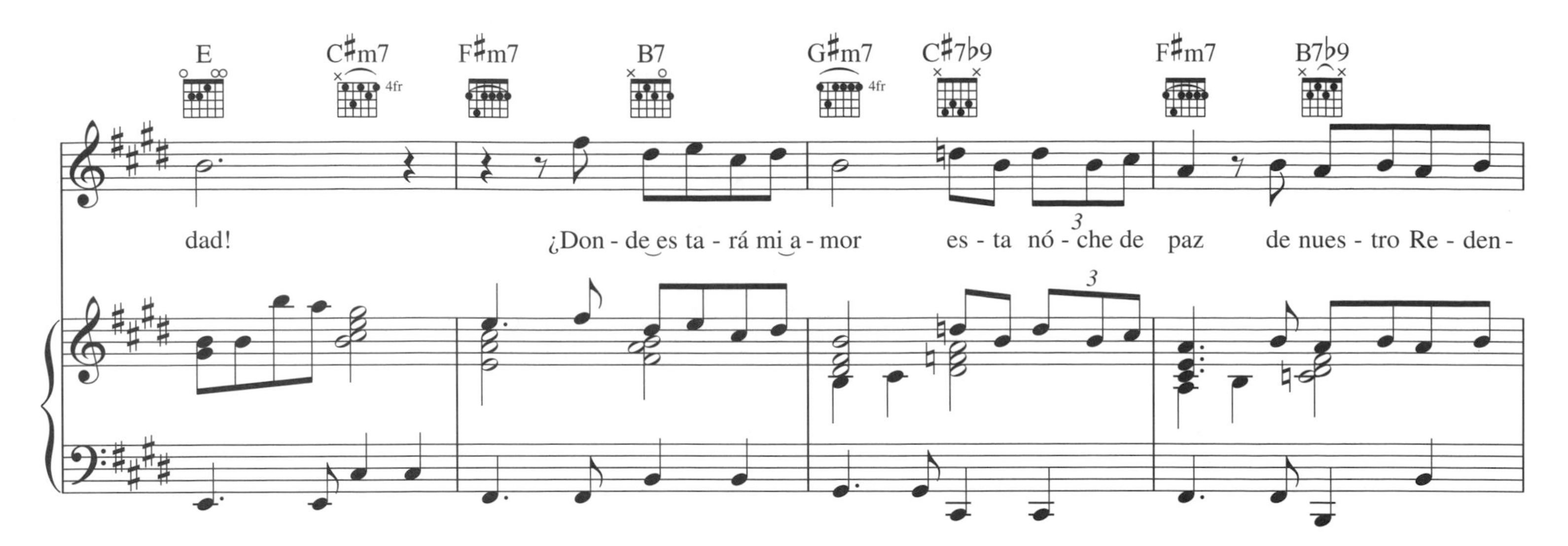
E
C♯m7
F♯m7
B7
G♯m7
C♯7♭9
F♯m7
B7♭9
4fr
dad! ¿Don - de es ta - rá mi a - mor es - ta nó - che de paz de nues - tro Re - den -

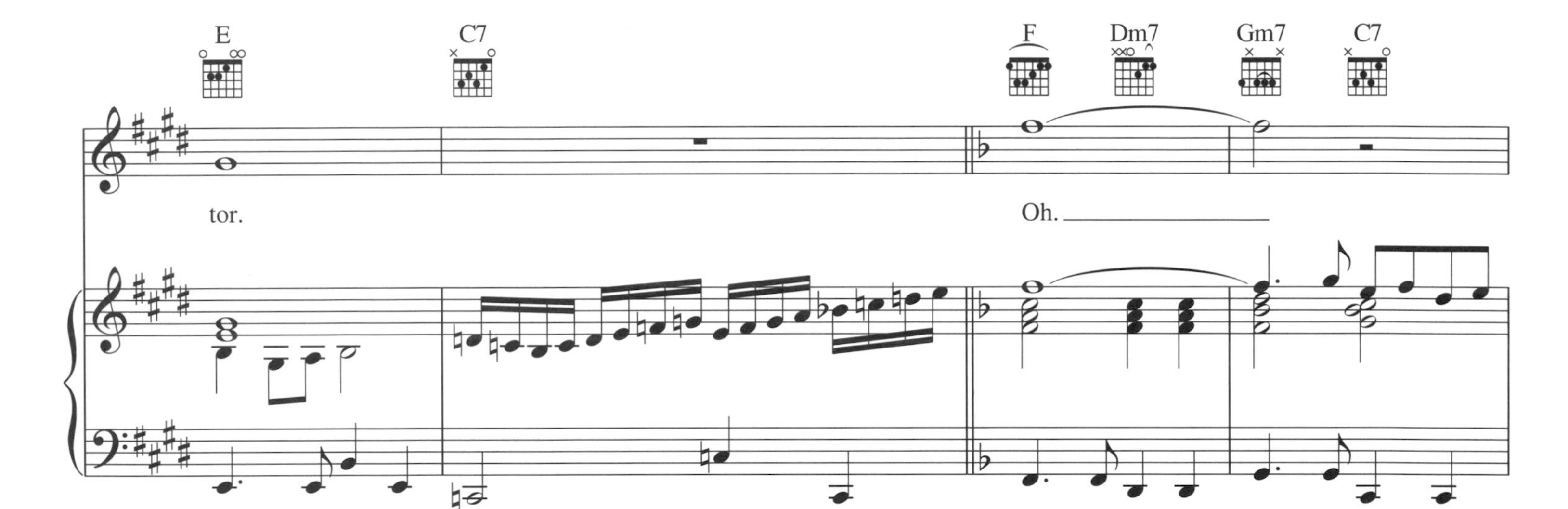
E
C7
F
Dm7
Gm7
C7
tor.
Oh.

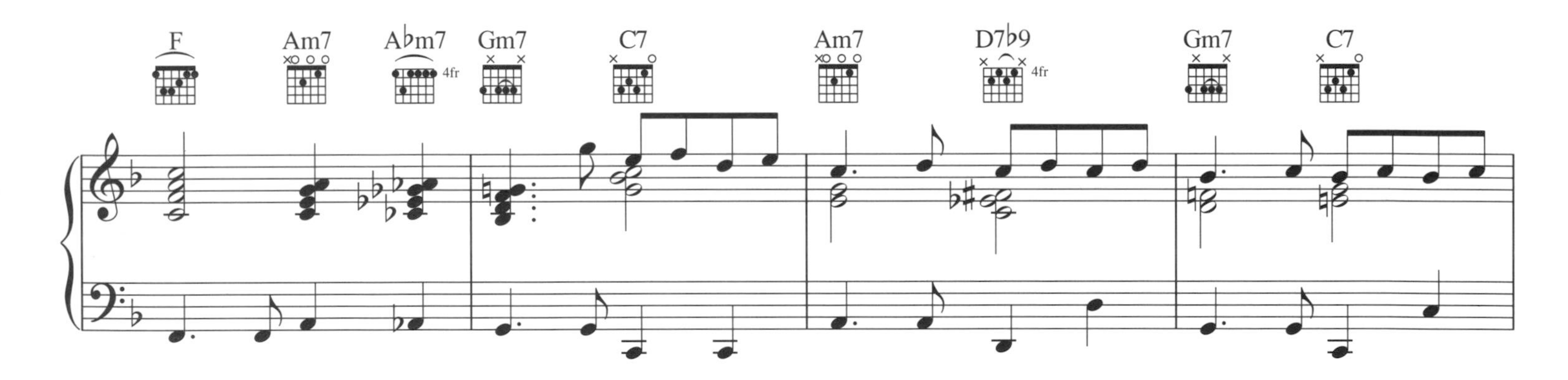
F
Am7
A♭m7
Gm7
C7
Am7
D7♭9
Gm7
C7
4fr

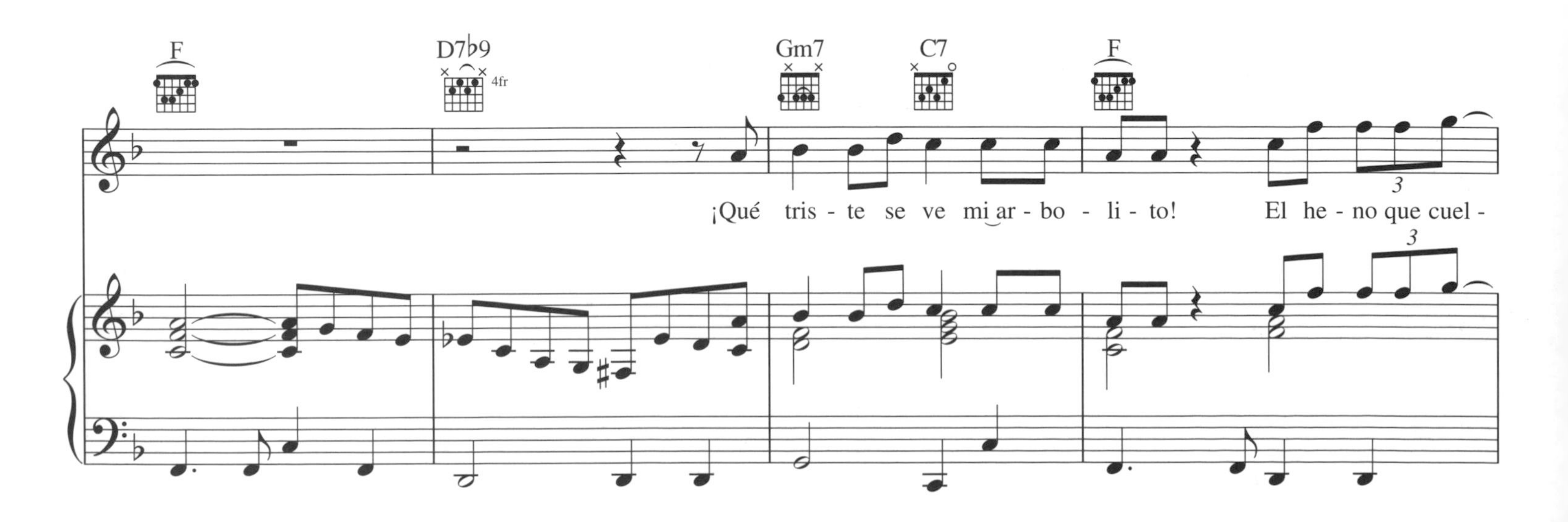
F
D7♭9
Gm7
C7
F
4fr
¡Qué tris - te se ve mi ar - bo - li - to! El he - no que cuel -

Gm7
C7
F
Am7
A♭m7
Gm7
C13♭9
Fmaj7
Dm7
4fr
3fr
- ga son lá - gri - mas tris - tes. Y llo - ra por - que tú te fuis - te y jun - tos

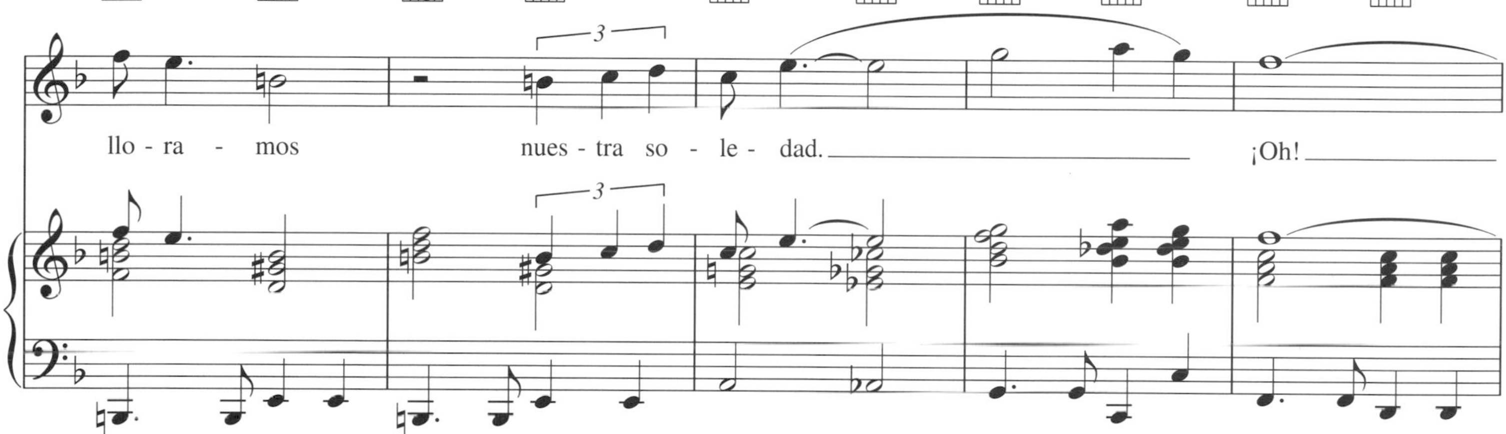
Bdim
E7
Bdim
E7
Am7
A♭m7
Gm7
C13♭9
F
Dm7
4fr
3fr
3
llo - ra - mos nues - tra so - le - dad. ¡Oh!

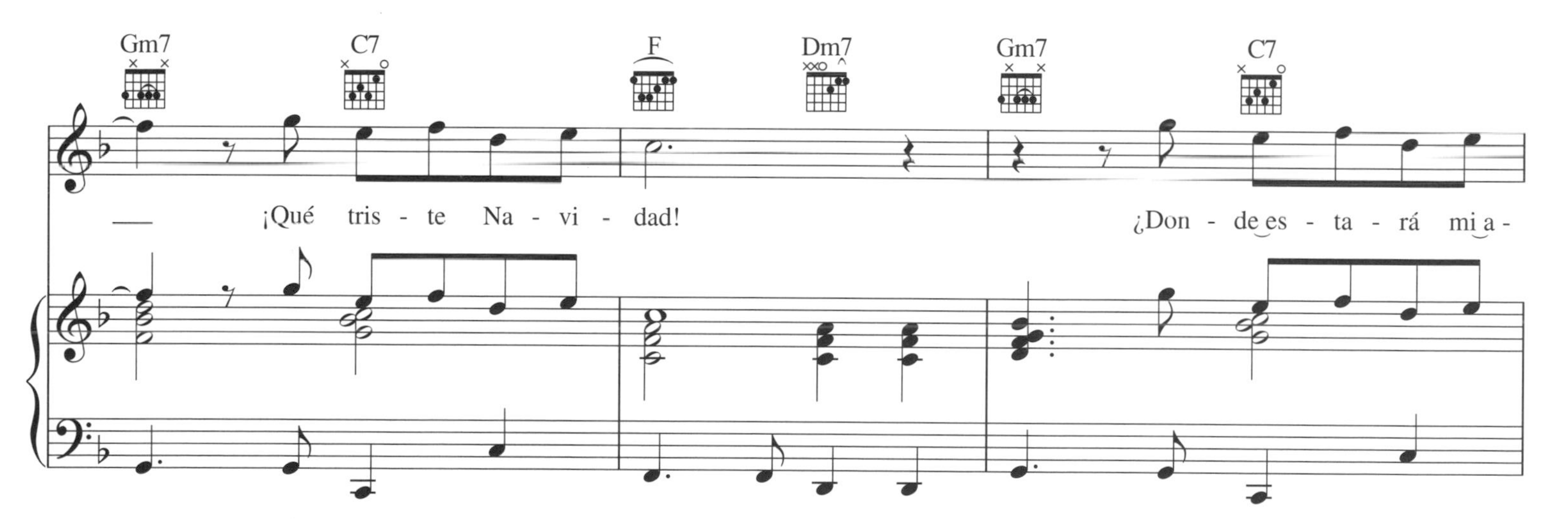
Gm7
C7
F
Dm7
Gm7
C7
¡Qué tris - te Na - vi - dad! ¿Don - de es - ta - rá mi a -

Am7
D7♭9
Gm7
C13
F
4fr
2fr
N.C.
3
mor es - ta nó - che de paz de nues - tro Re - den - tor?

SI NO ME DAN DE BEBER

Words and Music by
ERNESTO VICENTE CARATTINI

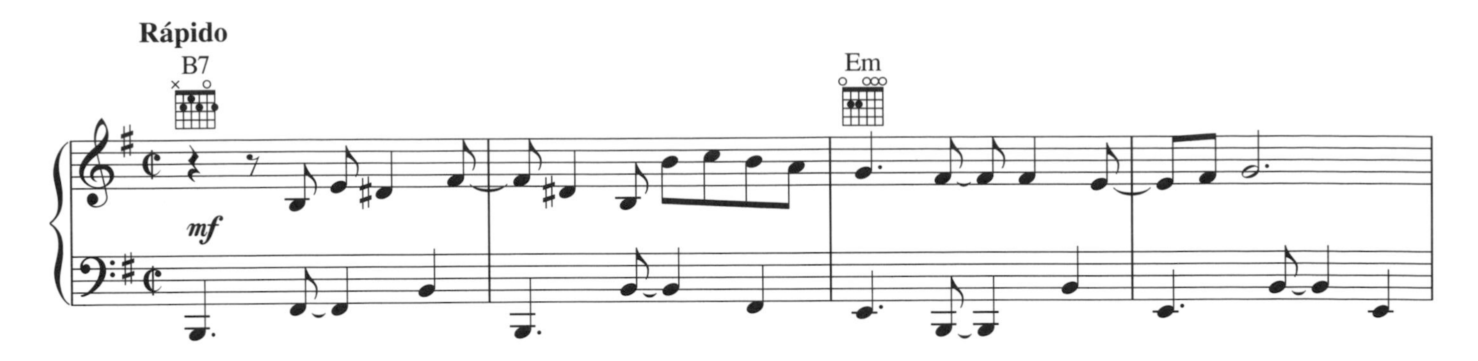

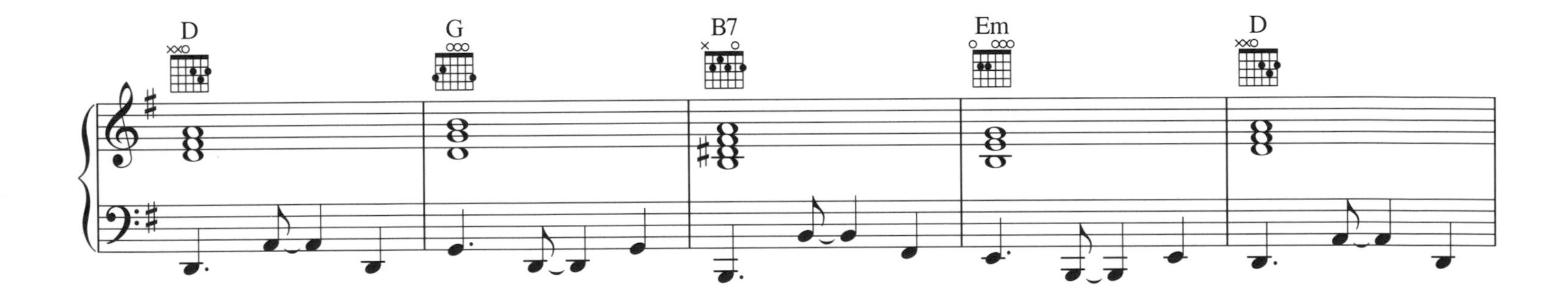

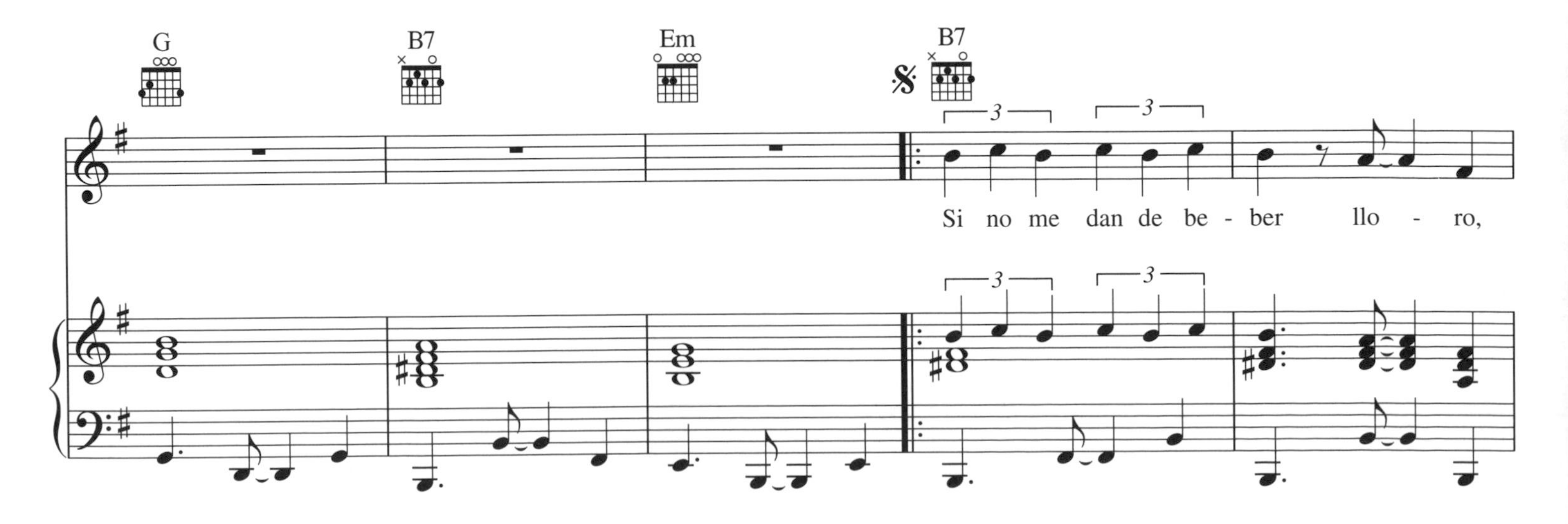

Em
B7
si no me dan de be - ber llo - ro, si no me dan de be - ber llo - ro,
Em
B7
si no me dan de be - ber. Si no me dan de be - ber llo - ro,
Em
B7
si no me dan de be - ber llo - ro, si no me dan de be - ber llo - ro,
Em
To Coda
B7
si no me dan de be - ber.
A - quí es - ta la tru - lla, a - quí he - mos ve -
Es - ta - mos en la ca - sa, de la fa - mi - lia
Sa - ca la bo - te - lla, va - mos a brin -
A - diós que nos va - mos, a ca - sa de Los

Em
B7
ni - do, a - quí͜ es - ta la tru - lla, a - quí͜ he - mos ve -
Pé - rez, es - ta - mos en la ca - sa de la fa - mi - lia
dar, sa - ca la bo - te - lla, va - mos a brin -
Ro - bles, a - diós que nos va - mos, a ca - sa da Los
Em
B7
ni - do. A ver el le - chón, que tie - nes es - con -
Pé - rez. Can - ta que te can - ta͜ y na - da que se
dar. Pa'͜ a - rri - ba, pa'͜ a - ba - jo, pa'l cen - tro͜ y pa'͜ a - den -
Ro - bles. Tan - to que se can - ta͜ y na - da que se
Em
B7
di - do, a ver el le - chón, que tie - nes es - con -
be - be, can - ta que te can - ta͜ y na - da que se
tro. Pa'͜ a - rri - ba, pa'͜ a - ba - jo, pa'l cen - tro͜ y pa'͜ a - den
co - me, tan - to que se can - ta͜ y na - da que se
Em
1-3
4
D.S. al Coda
di - do.
be - be.
tro.
co - me.
CODA
Em
ber.